产品经理
从入门到精通

刘飞◎著

文化发展出版社
Cultural Development Press

图书在版编目（CIP）数据

产品经理从入门到精通 / 刘飞著. — 北京 : 文化发展出版社有限公司，2019.8
ISBN 978-7-5142-2738-3

Ⅰ. ①产… Ⅱ. ①刘… Ⅲ. ①企业管理—产品管理 Ⅳ. ①F273.2

中国版本图书馆CIP数据核字（2019）第146761号

产品经理从入门到精通
著　　者：刘　飞

责任编辑：岳智勇
产品经理：闫丹丹
监　　制：魏　玲　潘　良　七　月
出版发行：文化发展出版社有限公司（北京市翠微路 2 号）
网　　址：www.wenhuafazhan.com
经　　销：各地新华书店
印　　刷：三河市冀华印务有限公司

开　　本：700mm×980mm　1/16
字　　数：284千字
印　　张：18.75
版　　次：2019 年10月第1版　2019 年10月第1次印刷
I S B N ：978-7-5142-2738-3
定　　价：49.80 元

本书若有质量问题，请拨打电话：010-82069336

目　录

•

CONTENTS

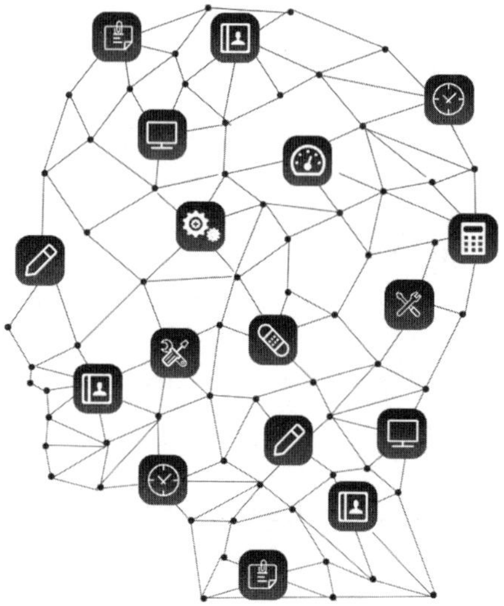

第一章　产品经理通识

第二章　用户与需求

第一章　产品经理通识

有许多关于产品经理的通识，在没有入行的朋友看来非常惊奇。让一个从没有做过互联网的人描述产品经理或者工程师的工作内容，在内行看来几乎是天方夜谭。

这些通识，有的非常简单，有的需要深入理解。如果遇到不熟悉的字眼或者描述，还要擅用互联网的搜索工具。相信读完第一部分，大家对产品经理这个职业会有相对直观的认识。

产品经理有哪些类型?

你可能听说过许多产品经理的岗位，有人是产品助理，有人是产品专家，有人说自己是电商产品经理，有人说自己是产品负责人。这些名字的含义到底是什么呢？这堂课，咱们就来聊一聊产品经理都有哪些类别和层次。

产品经理的类别有许多维度的区分方法，我们可以从不同的角度来探讨。

最常见的，是按照工作内容区分，看工作的重心是什么。

1. 用户产品经理

用户产品经理是最常见的产品经理，负责的工作就是探索用户的需求，并且通过产品手段来满足他们。用户调研、需求分析、功能设计、迭代跟进等，都是用户产品经理必备的工作内容。

2. 后台产品经理

后台产品经理也是很常见的一类产品经理，这里的后台更多是指一些管理系统和数据系统等。这些系统涉及复杂的权限体系、流程体系和数据体系，因此对产品经理的逻辑要求更高。

3.B 端产品经理和 C 端产品经理

从名字上就能看得出，一个是服务 B 端用户的，包括合作方和内部的同事，比如美团的商家，以及京东的供应链厂商；另一个则是服务 C 端用户的，一般是公司真正的服务对象，比如美团和京东的消费者。

有时我们会简单地把用户产品经理叫作 C 端产品经理，把后台产品经理叫作 B 端产品经理。实际上后台产品经理未必都是 B 端产品经理，有的产品用户也是 B 端的用户，如美团外卖配送员，他们使用的配送端 App，是用来接单和处理订单的，也有消息中心和各种活动页面，不完全属于后台系统，反而更像用户产品。

4. 数据产品经理

数据产品经理是近几年比较热门的新职位，不过本质上与用户产品经理或后台产品经理差别不是特别大，主要特点就是更多关注于数据层面，要多考虑如何从数据中抽象出有价值的信息，来帮助用户判断。单纯只关注数据的产品经理可以称为数据专员，并不是真正的产品经理。

5. 商业产品经理

商业产品经理也是比较热门的职位，本质是用户产品经理，只不过他们关注的是商业化的产品。例如，对于知乎来说，知乎的主站流程、怎么发问题写答案、怎么点赞关注、怎么查询信息等都是社区核心的用户产品模块。而知乎 live 和电子书，就属于知乎的商业产品模块，负责这个模块的产品经理就是商业产品经理，技能树会有一些不同，因为不仅仅要考虑用户体验，更要考虑商业价值。

6. 策略产品经理

策略产品经理本质也是用户产品经理或后台产品经理，只是实现产品功能的过程中有大量策略的部分要做，要跟算法工程师或者策略工程师共同探索满足用户需求的方法。如果完全是做策略分析的话，不能算真正的产品经理。

另外，还有一些工作内容跟产品经理很相关的岗位，实际上都不是产品经理岗位，如产品运营岗位，或者项目经理。这里就不展开讲了。

以上是按工作类别划分，那么按照职权范围划分，有哪些产品岗位呢？用我自己的分类方法，可以分为文档产品经理、需求产品经理、模块产品经理、产品线产品经理和产品负责人。

1. 文档产品经理

顾名思义，就是只负责写文档的产品经理。任务就是画出原型、写出文档。前面有比自己高阶的产品经理或者老板来提供需求，后面有设计师来完成后续的文档完善，也有项目经理去推进执行，决策权不大，属于完整产品环节当中的一小块。

2. 需求产品经理

与文档产品经理相比，区别在于可以对某一个需求或者功能负责，能够决定一个功能做成什么样子。比如负责相机的倒计时模式，那么倒计时如何触发、如何提示，都是需求产品经理要思考的问题。对这个需求中间出现的问题要做处理，未来的优化要做跟进。

3. 模块产品经理

模块产品经理管辖的范围更大了，涉及这个模块的所有需求。比如负责手机的相机模块，那么与相机相关的各种问题，都要不断花精力去做优化。对相机当前问题的优先顺序，也要做把控。

4. 产品线产品经理

工作内容跟前两者差不多，不过会管辖一个相对独立的产品线，相当于一个完整大模块的负责人。

5. 产品负责人

对于小公司来说，产品线产品经理就是产品负责人，所以初创公司和中小企业的产品经理都喜欢用这个头衔，即使在他们公司只有一两个产品经理。在大一些的公司里，产品负责人要关心整个产品，为产品拟定进化方向，建设团队，管理各条产品线的负责人，维持良好的协作氛围，等等。在比较大的公司里，产品负责人有许多层次，比如产品副总裁管理几个业务线的产品负责人，产品负责人再管理产品线的产品经理。

以上是按照职权划分，许多产品经理岗位也会按照行业类别划分，主要是为了在求职市场上容易做匹配，有类似工作经历的产品经理就可以找类似的岗位了。常见的有以下几种：

1. 电商产品经理

典型的有淘宝、天猫、京东的产品经理。电商的产品经理通常比较熟悉用户购买行为的生命周期，知道怎么使用户增长，以及如何做各种营销活动。

2. 社交产品经理

典型的有微信、陌陌的产品经理。社交产品经理比较关注用户的人性诉求，引导用户建立关系和产生连接。

3. 社区产品经理

典型的有知乎、豆瓣的产品经理。社区产品经理与社交产品经理有类似的地方，不过更多的是关注社区氛围的建设和内容的沉淀。

4. 金融产品经理

典型的有蚂蚁金服和各大巨头的金融部门的产品经理。

5.O2O 产品经理

典型的有美团、滴滴、饿了么、58 同城等的产品经理。O2O 关注的是双边平台的匹配效率以及服务质量，与以上几种产品经理有较多类似的地方，因此 O2O 产品经理通常可以把经验复用到其他产品上。

除此之外，还有很多产品经理，比如教育行业产品经理。细分下去甚至还有 K12 教育和成人教育等。行业不同，分类的方法也不同。

我们讲了按工作内容、职权范畴、行业划分，下面再来讲一种分类方法，也是比较简便的方法，即按产品载体划分。

按产品载体划分，目前比较常见的其实就是四类，移动端产品经理，分为做移动端 App 和移动端 Web 页面的两类；PC 端产品经理，也分为做软件的和做 Web 页面的两类。

按产品载体划分，从表面上看就像程序员按语言划分，是不同的工种。但目前他们之间的差别远没有那么大。尤其是在产品设计时，做结构、做功能、分析逻辑、研究用户的时候，方法论都是相通的，只不过表现层要用不同的交互和视觉呈现而已。

最后简单讲下按照职级划分，不同的职级在名称上的差别。上节课咱们提到，产品经理的市场价值有大公司职级作为背书会比较有效。

从低到高，常见的职级有：

1. 产品专员 / 产品助理

工作范围大都是在文档产品经理和需求产品经理的阶段，一般很少自己发掘需求，要由别人来带。具体什么是专员、什么是助理，不同公司区别不太一样。可以认为就是初级产品经理。

2. 产品经理

合格的产品经理一般负责完整的模块，至少是一个完整的功能。对自己负责的产品部分有决策权。在这个职级上，大部分都是真正意义上的产品经理。

3. 高级产品经理

比较高级的产品经理，在不同公司差别也很大。但在同一个公司，高级产品经理一定会负责更大的范畴。比如产品经理负责的是功能，高级产品经理就会负责模块；如果产品经理负责的是模块，高级产品经理就会负责一条产品线。

4. 产品专家

相较高级产品经理而言更高级的一个职位，负责的范畴更大一些，具体到其他方面，比如带不带团队、是否负责产品线，并没有明确的标准。

5. 产品总监

产品总监一定会是某个产品线或者某几个产品线的总负责人，大公司会有很多产品总监。创业公司一般只有一个产品总监，而且从能力上来说，许多创业公司的产品总监实际上是“比较厉害的产品经理”。

6. 产品副总裁

到副总裁的级别，一定是所有产品都归他负责。

以上就是按照职级划分的产品经理的不同职位。有的公司还有资深产品经理、高级产品专家、资深产品专家等，也是依据管理产品的范围更细化的一种区分。

好了，总结一下。今天我们的课主要讲了所有产品经理的常见分类。按照工作内容划分，包括用户产品经理、后台产品经理、B 端产品经理和 C 端产品经理、数据产品经理、商业产品经理、策略产品经理；按照职权范围划分，包括文档产品经理、需求产品经理、模块产品经理、产品线产品经理和产品负责人；按照行业类型划分，包括电商产品经理、社交产品经理、社区产品经理、金融产品经理、O2O 产品经理；按照职级划分，包括产品专员 / 产品助理、产品经理、高级产品经理、产品专家、产品总监、产品副总裁。

有了这些区分，想必你就能够对种类繁多以致搞不太清楚的产品经理岗位有比较全面的认识啦。

今天的课程就到这里，这次的作业：到互联网招聘网站上，找到我今天没有提到的产品经理职位，并且区分这些职位都是按什么维度去命名的。

产品经理在早期需要掌握什么能力?

1. 锻炼对自家产品的理解

初学者可能会被种类繁多的原型工具和一堆堆的案例“绑架”，满脑子都是别人的产品花哨的功能和眼花缭乱的方案，唯独对自家产品不了解。

这样的产品经理平时跟老板的对话一般是这样的：

A（老板）：你觉得这里放四个标签页合理不合理?

P（产品经理）：当然合理，美团啊、点评啊、微信啊都是这么做的。这是天下大势。

A：那我们的页面上功能排版这样靠谱不?

P：没问题。现在这样的排版方式是最常见的，交互方式也保证是最流行的。唯一色调设计手法是国际上流行的设计理念 Minimal 。

A：哦，那我们这几个功能是必需的吗?

P：这几个功能竞品都有了，我们没有的话不好吧?

A：……

对自家产品的理解又分为多个方面：

对公司定位的理解，与老板和投资方有关。

对用户定位的理解，与公司的定位和市场的状况有关。

对产品定位的理解，与用户的定位和推出产品的初衷有关。

对公司研发能力的理解，包括设计能力、开发能力和运营能力。

对其他部门状况的理解，包括各部门在做的事情、大家进行的状态。

……

总之，你做出的每个判断都必须基于对产品多方面的理解，而不是对竞品的理解、对市场的理解这些零散的因素。

只有这样，当设计师做出令你不满意的设计时你可以说“这个风格可能适合年轻人，但我们的目标用户是商务人士”，而不是说“这个不够大气，没有 feel 啊”；当你要求工程师改一个看起来不重要的 Bug 时可以说“后续运营部门有好几次大型活动，到时流量会瞬间暴涨，你这个 Bug 会放大 10 倍，所以很危险”，而不是说“重要不重要不是你工程师定的，而是产品经理定的，你改就行啦”；当你跟老板讨论要不要加一个功能时可以说“我觉得我们这样的功能是一个重要的补充，跟下个版本要做的事情不谋而合”，而不是说“竞品做了咱们不能落下啊，管它有没有用”。

具体怎么去锻炼，其实是件费力又费脑的事情，你要不断地跟老板沟通、跟同事们沟通，跟用户聊，做调研，同时还要做大量的思考和总结。你要有一本自己的词典，用来记录你名下产品相关的事无巨细的解释，每当需要查询时就能随时翻阅。

这本词典可以记在心里，也可以整理成笔记。在别人看来，它可能无关紧要，也不是那种张口“人机交互的趋势”、闭口“立体化设计语言”这些可以用来卖弄的术语。但没有这本词典，你每走一步都是一个坑，等走远了想回来填的时候，已经晚了。

2. 提高分析和判断能力

如果说对产品理解是第一步，那第二步就是怎样基于你的理解做出靠谱的判断。

很多产品经理除了参考别人的产品，就是做用户调研，或者唯老板是从。但很多事情非常简单，只要有生活常识、基础的推理能力，明明是可以更靠谱的。

举个例子——

当初 MIUI 做安卓本地化的时候，在日历里加入阴历是主打特色之一，也广受好评。在做 T1 的日历的时候，我们也在考虑这个问题：到底加不加阴历？

加的话，整个界面非常满，显得丑陋；不加的话，需要看阴历的用户又会不舒服。

重调研的产品经理就会做个调查问卷，规模越大越好，看哪边的用户多；用户定位是偏高端用户或者说发烧友的产品经理，可能就会做个开关选项，用的打开，不用的关了。

但实际上完全可以向前推理一步：用户到底为什么需要阴历？

大概场景有几个：春节前后用；阴历的节假日用；自己和亲友生日用。这些基本囊括了所有用户的需求。

这就简单了，我们能不能只在春节和节假日的时候显示阴历？对于生日的话，我们可以提供设置项，在用户和亲友每年生日那天显示阴历。

这样既化解了界面始终显示阴历的尴尬，又满足了大部分用户对阴历的需求。这种方案凭常识很快就能推断出来吧？既不用复杂的问卷调查，也不用复杂的产品设计吧？

你可能会说，这就是个抖机灵的需求分析，况且是个小功能。那我再举个例子。

我们之前在嘟嘟美甲讨论最基本的功能和界面时，并没有参考市面流行的 O2O 工具都有什么功能、都有哪几个标签页、都怎么排版的。我们先做了一次用户的分析。

用户的分析不是靠什么问卷来做的。你在问卷里问“你是哪类用户”“你平时做美甲会更看重什么”，他们很难回答清楚。如果你给的是具体的选项，又会有诱导回答的可能，最后的结论往往不能说明问题。

我们的分析方法是，先从常识判断美甲用户使用我们的产品有以下几种场景：

1. 已经有想做的样式。

2. 想来做美甲但不确定样式。

3. 不确定做不做只是随便来看看。

每类用户来这里的需求肯定是不同的：

1. 看你这有没有想做的那个样式或者类似的样式。

2. 看你这有没有好看的样式。

3. 看你这有没有什么足够吸引她做美甲的地方。

对于这三种需求，我们要提供的功能又是不同的：

1. 根据用户的样式提供定制服务，搜索和筛选功能。

2. 精品 / 热门推荐，搜索和筛选功能。

3. 专题，精品 / 热门推荐。

所以，在用户第一次看到产品的时候，我们需要提供的功能就一目了然了。

我们起初的判断是，产品刚上线，第 3 种用户肯定最多，第 2 种用户会逐渐多起来，而第 1 种用户会是高端、深度的用户，出现得会更晚。这样对功能的主次也都分得清了。

最后初版的产品，我们就决定把主要精力放在推荐和专题上，搜索功能是第二版上线的功能，而定制则是更未来版本的功能。界面的布局和排版，功能主次分明，所以心里也有数了。

从最终结果来看，做出来的界面似乎大同小异。但因为每个功能从研发角度都会消耗精力、从用户角度都会影响体验，如果是拍脑袋想的，一点小差别、一些可有可无的功能都会成为南辕北辙的错误决定。

其实这些东西通过常识是完全可以判断的。你说“我不是女人哪懂美甲咋回事”，但你总逛过淘宝用过京东吧？购物时用户的思路还是可以想象得出来吧？当你有了初步判断之后，用户调研的意义就体现出来了——它是验证的手段。但它不能作为需求的来源。

总体来说，产品经理在做任何决定时，都要做到三个字：讲道理。

那怎样培养这种能力呢？也不难。就是在日常生活中多问为什么。

这个小区的停车场入口需要绕三个圈，为什么这么设计？优衣库进门一眼看到的全是内衣裤，这么摆放是什么道理？楼下咖啡店平时顾客也不多，但居然撑了五年还没关门，他们的收支能够平衡吗？

很多道理是相通的，每天都能想明白一些事情，当你遇到棘手的产品问题时，你肯定想得比别人远，也比别人靠谱。不断去看别人的产品，但不是学皮毛，而是从商业模式到交互细节，再到视觉风格，想想这么做都基于什么道理。

3. 确保良好的沟通和表达能力

对产品有充分的理解、对各种问题有清晰有据的判断之后，下一步就是把这些自己的理解和判断跟同事们做充分的交流和沟通。

其实说来也不难，就是注意沟通的技巧，一方面是要有我们常提到的“情商”，怎样让没有实权的你在推进大家完成任务、在协调大家的工作时不那么讨厌；另一方面是要让每次沟通都有效率，不耽误时间。

对于前者，我的建议有——

始终清楚自己是产品经理，但不是经理，不要盛气凌人。

用有理有据的事实来说服别人，而不是“老板的决定”“反正跟你没关系”这种说法。

别人遇到困难不要说“我不管，这是你的事儿”，而要主动去了解他的困难，并且尽力帮忙解决，解决不了的一起想备选方案。

产品项目组中的任何同事之间有了矛盾，都要主动去协调，别在旁边看热闹。

让每个产品线上的同事随时了解全局的进展，让大家产生主人翁意识。

用户的反馈整理后可以周知同事，让大家产生成就感，觉得自己做的事有价值。

对于后者，我的建议有——

每次讨论问题，不管是一对一聊，还是开会，都明确目的，有腹稿。

描述问题清晰，想好了再说，同时不要偏题。

每个问题都形成结论，不要讨论来讨论去觉得很充实就行了，没有结论都是浪费时间。

不要把任何事情都交给别人决定，自己时刻准备提出更多方案和建议。

每次讨论的过程和结论都有记录，可以随时查阅。

学习交际能力最快的方法其实不是从书本上背诵，而是找一个你觉得交往起来特别舒服又很优秀的人，学习他身上的优点。

4. 对产品的责任心

责任心似乎是最容易具有的，但却是我直到现在面对很多优秀的产品经理都觉得自愧不如的。

我特别喜欢一句话：产品经理最重要的能力就是让正确的事情相继发生。

你做到我说的要求了，但那只是做“正确的事情”，能不能让它们相继发生，考验的就是你的责任心。

当午夜工程师为项目上线加班时，你是在楼下电影院里吃爆米花，还是在旁边默默陪他？当设计师跟老板因为方案闹僵了的时候，你是等着他们握手言和，还是主动找老板或者设计师聊一聊以便把项目推进下去？当运营部门的同事为了某个紧急活动向你提出不太实际的功能需求时，你是一句“做不完”就把他打发走，还是认真跟他讨论有没有什么别的方法能应急？

是的，严格来说，你跟公司是劳动契约，你不能被强制加班；你的岗位是产品经理，不该去帮别人想解决方案；你也不是老板，公司的各种“坑”也不必由你来填。

但一个优秀的产品经理，是要对任何与产品相关的事务负责的。任何阻碍产品正常上线的问题都应该由你解决，任何能对产品提供帮助的事情都应该给予关心。

在这方面如何抉择，就决定了你作为产品经理是平庸还是优秀。

5. 关于工具的使用

工具放到最后说，是因为实际意义上的产品经理，并不必掌握太多原型工具、交互绘制工具甚至绘图工具。

不管是什么样的工具，都是为人和当前做的事情服务的。还是刚才那句话，你为什么要用它？它对你现在做的事情有帮助吗？

很多初创团队刚刚起步，就开始搭建各种大规模的 Feature/Bug 的记录和处理平台，在用特别复杂的需求文档描述规则时，把脑图、Axure 作为必备的工具。这样做，不但没有提高效率，反而造成了很多问题。

就跟 MBA 不适合创业者一样，复杂的流程会严重拖累中小公司的运作。我平时就用 Keynote 、Sketch 等工具，完全能覆盖 90% 的需求设计工作；产品研发的需求记录和处理就用 Trello 或者风车，操作简单、易用。

记住一条就可以了：只要觉得目前手头的工具好用、高效，那就没必要换成高大上的。除了卖弄，没有任何意义。

6. 尽量涉猎广泛

有一次，“在行”的一个朋友问我，他经常会与设计师有争议，他总觉得那样排版有问题，但却说不出哪有问题。我说，很简单，如果你直觉上觉得有问题，那可能真的犯了一些基本错误，只要你多学习些排版上的知识，多了解下常见的排版规则，那之后再遇到争议肯定就有底气了。

作为产品经理，懂一些其他岗位的基本知识是很有好处的。这样既能保证良好的沟通，也能让你在考虑需求、设计方案时做到心中有数。这是一个好的补充，当然没有也无所谓。

去看看别人都在看什么书，找些基础的看一下；也可以到知乎去看看快餐类的文章。这样别人就不会在背后说，这小子就会每天瞎想些点子、画点不靠谱的原型、做点不接地气的方案。

有哪些产品经理的常识？

我是产品经理、创业者，下面讲一些互联网方面的小常识。

1. 很多因素都比点子重要

在创业时，大方向、团队、竞争环境、商业模式等，都比点子重要。

点子只是灵机一动的故事，就跟网上的鸡汤一样，没有细节只有情节，投资人不会相信只有点子的创始人，市场也不会承认做不好的点子。

还有一个真相：你能想到的点子，100% 已经被别人想到了，无一例外。

2. 创业就是做生意，赚钱是本职

创业者不是理想主义者，应该是商人。

创业不是实现理想、造福人类或者改变世界的游戏。创业就是用资本、人力和策略实现真正有价值的生意。

很多企业家都说，情怀是他们创业成功的资本。那是他们故意让你以为是那样的而已。如果他们说想赚你钱，你就不想掏钱了。

知乎的周源也说过："你得尊重商业，很多人是不尊重商业的，可能在产品上想得很多，但是你不能一点商业都不懂，天天想着到了某一天天上掉馅饼下来，就自然水到渠成了，这是不可能的。"

3. 在创业时，足够勤奋只是下限条件

热情和勤奋很重要，加班很重要，累得瘦了 50 斤很重要，带领大家喊口号打鸡血很重要。但是以上都只是基本的条件。

还需要什么呢？对商业逻辑的敏感，对业务能力的把控，对社交关系的掌握，对团队管理的熟悉。在某个专职的岗位上也许具备 5 种能力就能玩得飞起，但创业却要会 50 种。

有人觉得自己骨骼清奇、双腿健硕，走路够快，但也许没有判断能力，他压根就走错了方向；或者别人是骑摩托开汽车去的，他发现人家压根都没想过走路。创业时，“努力只能决定你的下限”，这是青山资本的张野说的，对此我深表认同。

4. 互联网创业不只是做个 App

很多产品不适合做成 App，明明用更简单的方法就能解决，为什么非要下载 App？比如约人洗车，我打个电话不是更方便？关注微信号也可以啊。硬把需求塞到 App 里，谁会用呢？

很多产品即使做成 App，也只是完成了一个小环节。做团购，把网站建好了，商家就会自己跑过来吗？不得有强有力的地面推广团队？商家来了，让用户知道不也得有强大的推广营销团队？

5. 产品经理不是经理

这个内行肯定是知道的，很多外行的朋友不了解。我记得申请信用卡的时候，做工程师的朋友比我的额度低，原因就是我的头衔是经理……

我觉得问题出在翻译上，把 Product Manager 翻译成“产品管理员”似乎更合适。在很多公司，产品经理做的其实是 Product Designer 的工作，也就是产品设计师，项目方面的协作推进由 Project Manager（项目经理）来跟进。

产品经理一般对人没有管理权，但又要协调各部门工作，因此也被称为“无授权领导”。

6. 产品亮点也可能是 Bug

你看到的产品缺陷可能是设计者故意为之，你看到的产品亮点也可能只是 Bug。

有时候，产品设计者会故意做些引导，把不希望你经常用的功能隐藏掉或者把路径变长，把希望你经常用的功能放在显眼的位置。

比如像我这样的原创作者会特别关心抄袭的问题，今日头条和微信中的举报功能是这样的——

右边是微信，可以直接选择两种抄袭情况，还能继续填写抄袭细节。以微信的处理速度，一般是 5 分钟内受理，半天内处理。

左边是今日头条，你要很仔细找，才能看到最下方有一行，举报侵权请联系××@××.com，发邮件之后，一般几天才回，让你提供各种复杂的材料作为证据。

真以为是今日头条产品设计得傻吗？显然不是。他们平台上有大量的抄袭文章，一旦能让用户快速举报并迅速处理，对活跃度的影响可是很大的。

再举个相反的例子，大家都知道微信删除好友不是双向的，而是单向删除。之前有大量分析文章来说明这么做多有道理，但实际上呢？这只是个 Bug。

7. 视觉和交互是用来讲故事的，很难成为核心竞争力

说实话，我目前见到的产品，除了游戏和一些本就是以视觉为主的产品，其他产品的视觉和交互都不构成核心竞争力。

你可能会问，那不对啊，我看到好的产品，都是交互很棒、视觉很好的啊。

道理很简单，正因为你看到的是已经做得很好的产品，所以他们才有能力请更贵的设计师。因果关系是存在的，不过是前后颠倒的。

8. 运营不 low

运营不是大家理解中的销售，运营实际上分为很多具体岗位，包括用户运营、产品运营、内容运营、商务运营、市场推广、品牌营销……每种岗位的工作都不一样，而且很多岗位实际上门槛特别高。

Facebook 最出名的一个部门叫作 Growth Team，这个部门构架如下：

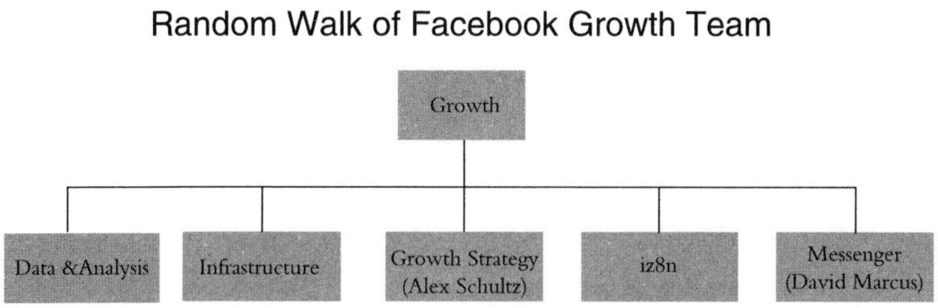

可以看到，有数据分析、基础设施、增长策略、国际市场和 Messenger 五大块。部门直接向扎克伯格汇报，而且拥有极大权限，几乎是 Facebook 的命根。而这个部门，显然是有严格的运营导向的。

淘宝起初也不是靠用户体验做得好，而是靠地面推广铁军搞起来的。即便是现在，对卖家买家的各种策略和基于策略的运营执行，也仍是淘宝的核心竞争力。

什么是产品经理的思维？

“只从用户思维出发”是很典型的对产品经理的误读。这是在许多招聘网站提到的，能够从用户角度看问题，以及能够随时切换小白用户的视角。而实际上对它们的完整解读应该是这样的——

不是只从一个用户（你自己）的角度看问题，而是要从所有用户（至少大部分用户）的角度看问题。

随时切换为用户，就意味着要能随时切换回产品设计者，这才是产品经理，否则就只是用户。

同理，许多人思考问题，说自己已经洞察了人性，但听他说完，你就知道他洞察的只是自己的人性而已。许多人说自己发掘了需求，讲出来也只是他自己的需求而已。

真正的产品经理也会对用户有判断、对人性有判断、对需求有判断，只是这些判断是基于对世界、社会的认知，而不是基于对自己的认知，这是完全不同的。

在有些人的概念里，产品经理就应该焚香沐浴，然后坐在空荡的院落里冥想，过了一段时间忽然就可以顿悟用户的痛点或者产品的迷思。事实当然不是这样的。

我认为，产品经理的思维并非来源于直觉和内心的感知，反而许多时候跟直觉和内心的感知相悖。

像宗教仪式里那种祈求自己的灵魂与大自然或者上帝产生某些联系的行为，正好与产品经理思维属于两个极端。产品经理是最不应该相信直觉，而应该相信事实的，是最不应该深入自己灵魂，而应该探索社会和大众的。

这种思维从两个层面上来说，都称得上是反人性的。

1. 第一个层面是，理工科思维

诺贝尔奖得主卡尼曼在畅销著作《思考，快与慢》里提到，人类在处理问题时，大脑会有两种系统。系统 1 是直觉型的，用来处理简单问题；而系统 2 是逻辑型的，用来做逻辑判断和复杂问题的处理。产品经理的绝大多数工作，被很多人认为是在系统 1 的思维方式中，实则都是处于系统 2 的思维方式中。

该书举的例子都非常经典，比如关于标签化，为什么我们会直觉上认为“希特勒喜欢小动物”不是真的，是因为大脑处理“坏人就应该具备坏人的特征”这样的问题时会经过系统 1 的简单化处理，这样成本最低。

产品经理是不同的，需要做出反直觉的判断。很多人会说：“我明明就有这个需求啊，为什么淘宝 / 微信 / 滴滴不做？”这就是典型的直觉判断，没有通过系统 2 的分析，去考虑整个需求在面向千万级、亿级用户时的情况，只是自己粗浅的认识而已。

这个思维还包括一切以事实为准、拿数据说话的部分。群体在许多事情上的表现通常都是非理性的，许多产品经理在做规模化产品时经常有“用户居然会这么用这个功能”的体会，要怎样发掘这些奇特的表现以及怎样解读它们，需要做很多事实分析而非主观判断。

2. 第二个层面是，移情思维

有的人斤斤计较、不考虑其他人的感受，这样的人难以具备基本的移情能力，通常很难做好产品经理。

从生物学角度来看，即便有协作精神，人毕竟还是利己的物种，要想完全置身事外，以第三方的视角去客观看待产品相关的事物，还是很难的。

有的产品经理并不在意用户，他们在意的是功能的酷炫、项目的完成、商业的成功，也不会考虑用户的感受，想象用户所处的环境，不会“先天下之忧而忧，后天下之乐而乐”，那么做出的产品就总会缺点什么，无法直击别人的痛点。

沟通能力、项目协作能力、向上管理能力，甚至面试能力，也都是移情思维的拓展——你如果不能体会到面前这个人的感受、目的、状态，只是关注自己的表达和诉求，那结果可想而知。

这两个思维是让我最近感触非常深的，它们是反人性、反直觉的，需要具备天赋，以及大量的后天训练才能习得。这是产品经理思维的基础。

培养产品思维的四种方法

我总结出了四个方法，帮助大家培养产品思维。

1. 像哲学家一样思考本质

对同样的一件事情，不同阶段、不同层次的产品经理，看到的是完全不同的信息，做出的也是完全不同的判断。

看到某个 App 加入了一个新功能，普通用户可能会仅从自己视角觉得好或者不好，但产品经理应该能够推己及人、具备共情思维，想象出不同用户的看法，乃至对于高阶的产品，判断出这个功能背后的思考、对平台的价值和长远意义。

如果我碰到的产品经理每天都在夸夸其谈，说某个功能用得舒不舒服、哪个产品做得好不好看，那么我不会愿意跟他结交，因为他看问题的层次太浅。

相反，如果我碰到的产品经理对自己所负责的产品功能在平台中的价值十分了解，并且知道所有竞品之间的优劣势，知道大家每个动作背后的战略意义，那么我会觉得他看问题的视野够大、层次够高。

很多产品经理思考问题都是零散的点，追求细节，研究像素级别的体验，并没有连成线。这些体验背后都是怎样的信息结构、都是如何服务用户价值的、都是怎样体现商业意义的，是产品经理更应该关注的。

我们部门目前进行产品评审时，每个需求都要花一半时间在解释背景逻辑上，解释清楚“为什么做”，要比“怎么做”重要太多。

这是本质思考的方式而不是一点点优化的方式，是产品思维中的关键。

2. 像婴儿一样保持好奇心

产品思维应该是既有深度，也有广度的。不仅要想得足够完备、逻辑健全，还要保证思考范围足够宽泛。要想达到思考范围足够宽泛，有很多提升方式，但不会出现在哪本讲产品经理的书里，不会是一种通用的方法论。

思考的广度，通常来自生活体验和阅读。生活体验是自己对世界的认知，而阅读是获取别人对世界的认知。你要先知道“有这回事”，才能在思考产品的时候，知道用户会“遇到这回事”，知道这种场景下“会发生这回事”。

俞老师，包括我和身边很多产品经理的观察结论是，如果一个应届生，在校园生活中显现出对世界的好奇和思考（比如有很大的阅读量、活跃在社团中、会写许多有意思的文章、愿意尝试新鲜事物等），通常他思考的广度就比别人宽很多，或者简单说，他的思维很活跃。

丰富的生活经验，源于对生活的观察和思考。比如我偶尔会去想苹果的文案为什么有意思，会记录和思考有趣的突破思维的案例，会思考许多生活中设计的本质。这些内容读者都可以在本书的后半部分看到。

有人对信息和知识获取特别排斥：“你们男生才喜欢历史”“他们文科生才关注地理”“政治跟我没啥关系”“我数学不好看不懂经济学”“我就是不喜欢看书”……同样地，有人也对观察生活和体恤他人非常排斥，对其他人的生活和经验，自己生活范畴外的任何事情，从国际新闻到邻居家的八卦，一概充耳不闻。久而久之，这两种人就没有外部信息的输入，思维自然也就僵化了。这样的人不适合做产品经理。

3. 像运动员一样锻炼修行

可以说，这世上有两种能力：一种能力是学了立马就会的，不太需要长期锻炼，比如学会使用计算器，或者懂得怎么使用智能手机；另一种能力是需要长期锻炼的，即使懂得很多大道理，也没法当场就成为专家。大部分能力都属于后一个范畴，产品经理的思维能力也是这样。

许多在校生和还没做过产品经理的朋友，经常找到我，发来他们写的需求文档或者竞品分析报告，我的回复都是：太初级，没有什么价值。要想真的写好文档，要想真的写好报告，关键是有没有写过 100 个真正的文档，有没有做过 100 次真正的分析。

所谓真正的文档和真正的分析，是在具体项目里产生的，不是作为爱好者自己做的作业。

每个产品经理可能都有过写的第一篇文档被各种人挑战和吐槽的经历。做了十几个需求后，慢慢对如何写文档有了认知，不会再被技术人员责备。做了上百个需求，基本就可以是兵来将挡水来土掩了。

在这个维度看，产品思维就像肌肉纤维一样，要不断锻炼，持续成长。

4. 像小白一样虚心求教

这个就不多说了。许多初入行的朋友看过太多“乔布斯语录”和“张小龙圣经”，执念太深，不懂谦虚，心态封闭，当然就得不到成长。

没有人天生就是熟练的产品经理。我见过的优秀的产品经理，无不是在不断地否定自己、批判自己的过程中成长的。让他们回头看过去一年，肯定能讲出无数做得不够好的地方，能够找到可以变得更好的办法。

如果读者处于那种回望过去一年，觉得事事满意的状态，就要好好反思了。

产品经理的心智模型

最近翻看万维钢的《智识分子》，里面有篇文章提到了《超越智商：为什么聪明人也会做蠢事》，快速阅读了一下，解答了我一些过往的疑惑。

1. 智力测试有其局限性

我小时候有个朋友，功课做得特别好，智力测试也都是极高的分数，小学初中的时候一直名列前茅，到了高中成绩却跌得厉害，高考更是没有考到特别好的高校，只在地方将就读了四年，如今就真的是“泯然众人矣”的感觉了。

要是说他现在变笨了、测验题做不好了，那也不对。他依然能很好地通过测验。不过回顾他的人生，他认为自己并没有特别聪明，在许多问题上也搞不太清楚，不如身边的很多人。严格来说，智力测验是测出来了一定的智力水平，但仍然比较片面，不能完全将这个智力测验的水平等同于聪明。

这本书里提到，智力水平尤其是智力测验得来的那种，局限性非常大。由于要快速检验一个人的智力，大多数题目会将背景设置得相对简单，消除了题目背后的专业性。因此我们看到的大多是图形数字之类的简单逻辑推理，不会出现金融行业的一个风投决策的问题或者汽车行业如何做流线型设计的问题，后者需要大量的背景补充和经验积累。

这是第一个层面，即智力测试不能代表是不是真的智商高、是不是真的聪明。

2. 智商高不代表有理性思考的能力

第二个层面，哪怕是真正的智商高，也不代表处理复杂问题的能力强。我在这两年接触了大量毕业生和新人产品经理后对这点有很大的共鸣。

许多名校毕业生，履历光鲜，谈吐中能感觉到其智商优越，但涉及一些深入的问题，答得都不尽如人意。许多问题带有背景和知识范畴的限制，不知道的就是不知道，多聪明都没用；更重要的是，有良好的抽象推理能力、创新能力和反省能力，才是处理复杂问题的关键。

其他的职业有许多现成的理论体系可以学习参考，学成了就成为熟练工，书中称之为陈述性知识，都是固定的。产品经理日常遭遇的问题特别抽象，比如用了一种常见的增长方法后效果很差，意识到这种方法不起作用是简单的，但要洞见背后问题并根据实际情况调整出更佳方案，就需要较强的抽象分析能力了。

3. 心智模型

作者提出的心智模型是这样的：

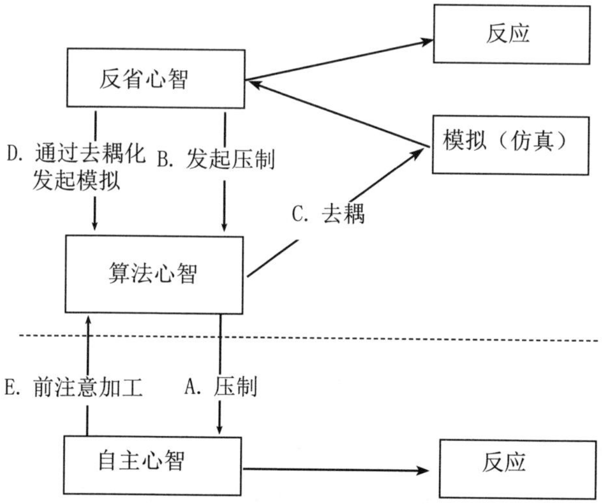

完整版三重框架模型

《思考快与慢》中提到了系统 1 和系统 2，跟这个模型类似，图中虚线上的两个部分就相当于系统 2，虚线下就是系统 1。

虚线下的自主心智就是我们平时的快速反应，不做深入思考的。看到肌肉强壮的人就觉得比较暴力，看到阴天就觉得要下雨等，都是根据直觉做出的判断。

虚线上的则是需要思考的，消耗脑力（能量），成本比较高。算法心智是最核心的做各种推理演算的部分，自主心智在遭遇搞不清楚的事情时会求助算法心智（为什么这个肌肉强壮的人不暴力？为什么阴天后没有下雨？），而算法心智会在一定程度上压制自主心智，防止我们总是用直觉做判断。

那反省心智是什么？按我的理解，就是再抽象一个层面，要对心智作进一步反省和总结。从肌肉强壮的人不暴力来看，算法心智的总结可能是肌肉强壮的人的成长环境不同，也有好有坏，不能凭刻板印象，到了反省心智的一层，就要去耦合模拟（具体概念可以读一读原书，不太好解释），最后得到的总结就是单凭人种属性来判断个体的特征，是有误的、没逻辑的，这就是反省心智的价值了。

由此可以看出，在直觉之上更多用算法心智思考，在算法心智上再多考虑抽象模拟，从这个世界认知的各种表征里抽象出各种规律和方法论，是判断理性能力的核心标准。

4. 产品经理的心智

延伸一点讲，在产品经理的成长过程中，理性能力或者逻辑能力的成长，也是三段式的。第一层，能大概判断、从直觉上感知到问题；第二层，能全面、合理地分析问题以及给出逻辑上讲得通的解释；第三层，可以从经验里抽象出相对有效的方法论。这与书中心智模型的层次差不多是对应的。

这种三段式理论可以运用到不同的模块，比如我之前就提过，产品经理认知用户有几个境界：

第一层，不知道自己的用户是谁，不知道自己的用户在哪；

第二层，遇到需求，可以找到自己的用户，问出其感想；

第三层，对用户足够了解，看到问题或者需求，能立马准确判断出自己的用户会怎么想；

第四层，能抽象出对用户的认知，有一个画像说明或者指导手册（不一定是实体的），让其他人也能快速预判用户的想法。

产品经理有哪些经常犯的错误?

我就只说一个错误，不过这个错误可以无限展开。

很多产品经理在做称不上有错但未必是正确的事情。

作为产品经理，有个大前提是大家经常聊的，就是产品经理的工作内容不是标准化的。这意味着什么呢？一样规模的团队，类似的产品，同样岗位的产品经理却有可能在做完全不同的事情。

你用 Teambition 来协作，他用 Excel；你画高保真的原型，甚至在墨刀上做出来，他可能只是在本子上画画草稿；你更关注管理层的战略决策和方向，他则关注用户的体验和场景需求…… 最后都能做得出来产品。但哪个方法更好，常常没人去理会。

这就源于刚才说的前提，并没有严苛地规定产品经理要做什么，那大家往往就依着兴趣、依着团队氛围、依着习惯去做了。

我曾经意识到自己在做的未必是最应该做的事，于是整理自己过去几个月的工作内容时，发现有一些的确有用，但如果换作别的事情，可能会更有用。或者换句话说，实现一个目的有很多种方法，但我往往会选最容易想到的，而不是最好的。

这个错误会衍生出很多表现：

1. 事必躬亲

诸葛亮是劳模，凡事事必躬亲，但最后的结果是蜀国无大将。朱元璋废掉丞相，也是凡事自己处理，期望集中皇权，但后代都难有他的勤奋，最终还是设立了内阁。

产品经理要处理除了产品设计之外的很多杂事，但未必都要事必躬亲。无授权领导这个词用得很好，作为产品经理，要把团队资源调动起来，为自己负责的产品服务，但不要用下命令的方式。

在协作中遇到什么没人做的坑，先不要着急去填，想一想这种坑由谁来填会更得当、未来怎样填会更合理，然后想办法跟别人一起处理。如果你自己先去弄了，那以后这些活就会都是你的。看似让自己的工作更充实，还表现出了大无畏的填坑精神，但是最后结果就是做了很多不该做的事情、浪费了应该做更有意义的工作的时间。

2. 做重复劳动

产品经理应当对自己的工作内容有设计思维。在做的这些事情，是不是每次都花费很多重复劳动？有没有更高效的解决方案？

在产品设计上，有时设计的功能要考虑逻辑一致性，因此每次都要花大量时间观察和之前的功能会不会有冲突。如果有时间把整体逻辑的规则捋清楚，生成一份逻辑一致性的规范，那以后就可以对照着来做了。文案的一致性也是如此。

协作时，很多方案的修改通知是在微信群里发的，每次发送和确认过程都很烦琐。如果有时间让大家都用上某个协作工具，自动发送通知并记录已读回馈，所有人都能节省大量时间。

3. 只关心过程，不关心目的

有时对过程的过度关心，会导致很多形式主义。

比如听说有种文档格式非常好用，以后所有文档都这么写，觉得这样做足够专业，但其实未必真适合团队。比如听说用 Axure 可以画高保真原型，就不管当前产品的进展，硬是用最复杂的方式来做设计。

产品经理的任何工作都是有目的性的，文档是为了与开发人员协作并留作记录，只要保证在你们的项目里协作和记录都可以良好运转就行了。

或者再举个夸张点的例子，做用研访谈时，没必要完全按照之前的大纲来。如果发现每个访谈对象纠结的点都在提问范围外，那就扔掉大纲，把这个问题搞清楚。甚至如果发现问题已经确定搞清楚，那么剩下的访谈也都可以不做了。

产品经理尤其不要沉浸在每天八九个小时的工作充实感上，觉得自己忙了一天了。充实感应该来自真正产生的收效，如今天确定了几个需求，输出了几份文档，解决了几个问题。

产品经理要对自己正在做的和已经做的工作时刻保持警惕，最好有规律地复盘，看自己的工作内容是不是合理、做的事情是不是真的有用。作为有用的判断，通常就是让产品变得更好了。

好的产品经理需要哪些素质？

差的产品经理多种多样，好的产品经理也不都是一个模子。大家提到的素质各不相同，的确都是判定是不是好的产品经理的条件，不过就我的观察和体会而言，有些是充分的、有些是必要的，但不全是充要的。

例如，对细节的偏执，是用户体验方向的产品经理第一重要的素质，但对高级产品经理或者产品负责人来说就不算太重要。做策略和规划的产品经理当然要区别于做执行的产品经理，马化腾、雷军会直接对产品团队提细节上的建议，只是反映了他们关注产品细节，而不是说他们的工作就是这个。因此对某些产品经理来说，从细节中抽身出来反而是他们所必需的。

我想用几个充分条件和几个必要条件来说明，好的产品经理应该具备哪些素质。

1. 出色的逻辑分析能力

有的产品经理确实不太在乎逻辑、不太在意推理，更关注感性上的顿悟和创意，但这并不妨碍他们成为优秀的产品经理。不过说实话，这跟时运有关——大多数产品经理遇到的状况是，他们的工作内容失去逻辑也就没了意义。

不夸张地说，我所见的大部分产品经理，都是偏重“落实”和“执行”这样的环节的。说不好听一点，就是需求经理或者文档经理。需求和文档要做好，必然都要逻辑完善、内容翔实，不能指望用精彩的创意打动开发团队，他们只在乎你考虑得周不周全。

拥有严密的思维方式和靠谱的分析能力，未必能让你成为大神，但成为一个好的产品经理绰绰有余了。

2. 对用户、市场和行业特别熟悉

有很多行业内的人，转行成为互联网产品经理，其实做的仍然是类似过去的事。他们都关注同样的用户、同样的问题，也就只能做出同样的决策。只要对用户和市场足够熟悉，不用做调研和访谈，就可以对任何需求和功能做出正确的判断。这样的产品经理也能称为优秀。

或者另外一种，对人性吃得非常透所以能做社交或者游戏，对媒体特别熟悉所以能做内容产品，对安全有深入的了解所以能做支付产品。他们的优势不在于会写好的文档、会做出好的设计，而在于他们的工作不可替代性强。

3. 出色的统筹资源的能力

有的人未必能自己写好文档、自己成为行业专家，但是他可以很好地统筹能写文档、能成为专家的人。他擅长的是利用外在的资源来达成目的，这样的能力在某些公司和团队中至关重要。

我们经常谈到产品经理应该有沟通能力，这句话并不清晰。如果仅仅是能让沟通的双方很开心或者油嘴滑舌并没有意义，好的沟通能力是要能真正调动资源、实现目的。通过沟通、维护协作、协调流程，让开发人员高效实现产品、让产品稳步合理地迭代、让团队成员各司其职，才是此类产品经理的价值。

要成为这样的角色很多时候要靠管理职能，不过此类产品经理有的没有真正的管理权限，但也能把无授权管理做得特别漂亮。

4. 自我管理能力

自我管理指的是能够安排好自己的任务、规划好自己的工作、利用好自己的时间。产品经理的工作内容不固定，实际的工作边界也不清晰。因此做好自我管理并不是简单的事。

缺乏自我管理的产品经理，只能成为最底层的执行者，因为他们没有办法去思考和优化自己的工作，只能听命于别人，最终也就只能在基层工作，写写文档、出出主意。

5. 学习能力

学习能力对产品经理尤其重要。一方面，由于产品经理面临的问题随时在发生变化，昨天是怎样解决用户的一个特殊需求，今天可能是怎样让产品上线延迟的风险降到最低，处理不同问题所需的知识显然不同，很多要从原本陌生的知识领域获取；另一方面，互联网和产品也是日新月异，旧的知识和经验难以支撑太长时间，需要随时更新。

这里说的不只是要学习，而是要掌握独立学习、解决当前问题的能力。许多产品经理习惯做伸手党，直接向别人要解决方案，或者期望通过哪本书、哪个培训就能让自己立刻变优秀，一蹴而就，这样并非具有学习能力，只是偷懒而已。

6. 责任心

具备比较强的责任心表现出来就是，要求产品经理随时在线，下班后或者假期中还要解决问题，用户的反馈要悉心回答，开发部门的同事们加班要一起陪，并不是自己的工作也要努力去完善……说白了，更强的责任心意味着要把更多的时间精力投入在工作上。许多人并不愿意这么做，因为看似收获和付出不成正比。

我认为不是不成正比，而是付出和收益会有时间差。有责任心的付出，在一定时间后会让你更了解用户、得到同事和领导更多的信任、更熟悉公司的工作流程，也就会成为更好的产品经理。

7. 对产品有一定追求

有一定追求的产品经理不会逞口舌之快，说自己的理想和远大志向。有一些产品经理则认为产品的工作无非就是按部就班实现功能、完成任务，并没有对产品的未来寄予多少期待。相比改变世界或者只是赚份工资，我觉得介于二者之间的把事情做成、让用户更满意、为社会创造价值是更好的心态。

由于所处环境不同、状况不同，大家所具备的素质也就不同，不过作为好的产品经理，我觉得一般都具备充分条件（1~3）里的某一项或多项与必要条件（4~7）里的大部分项。

做产品经理，别做页面经理

1. 整合能力

最近在工作中，我们遇到一个不大不小的问题。

按照业务需求划分的产品经理，逐渐不再负责一整个产品或者整个平台了，而是更加专注自己负责的部分。这样原本没有问题，但在整体的体验上，却产生了很多糟糕的产品设计漏洞。

比如，同样一个内容，在这个功能里名称是 A，在另一个功能里名称却成了 B，名称不一致，让用户摸不着头脑。再如，用户在某个地方看到了一个功能的说明，却不知道该去哪里使用这个功能。

这些看似很幼稚的错误，就在产品经理互相协作中不断出现。究其原因，是不同的产品经理负责的模块，整合在一起才是完整的功能。比如调度、计费和时效考核，跟订单相关的三大模块，整合在一起才能对订单进行描述和操作；又如积分、商城和任务，则是对骑手来说相关联的又各成体系的部分。

2. 不要执着于某个单独的功能

我见过的很多新人，都有一个特点，就是对表面文章和单独的某个功能有特别的执念。

我面试过一个同学，她对网易云音乐的某个界面非常有研究，能在这个界面上做几十处改造，并且也能说出做出这些改造的原因，能讲出各种论据来作为支撑。

我说，我认可你的这些说法。但是你改造之后，对用户其他地方的操作，是不是也会有影响？跟其他功能的配合，是不是变得糟糕了？

3. 工匠精神

产品经理经常跟工匠精神挂钩。大家都知道，做产品要对产品有足够的热爱、要能够理解业务、懂得用户。于是，抠细节、琢磨每个功能的局部，就成了产品经理的美德。

不过我越来越担心，我们变成了页面经理，而不是产品经理。

对于一个页面，我们得心应手，做得无可挑剔。但是这个世界上不存在只用一个页面的“页面用户”，对于每个用户来说，他是来用你的产品的，他的体验都是连贯的。

4. 页面无法打动用户

之前创业做 O2O 的时候，我就明白了一个道理。美甲用户在你的平台上预约美甲，从查看样式、预约上门、接受服务到售后服务，每个环节都是用户体验。一旦某个环节出现问题，那整体体验也就废了。

只靠 App 上几个流畅的页面，是无法打动用户的。

5. 用户体验的连贯性

我跟蚂蚁金服的产品经理朋友聊天时，得知他的工作范畴后，惊异于他负责的模块之小、事务之具体。在大公司，每个一线产品经理做的事情有多细小，对创业团队产品经理来说是不可想象的。他们真的可能是一个人负责一个页面。

也许这就是支付宝的用户体验难以连贯的根源。用户每次切换页面，其实都是换了一个设计者，就像去一个商店，每走一步就换了一个售货员一样。

我跟朋友讨论说，微信大概就好在有一个人能够把控用户体验的连贯性。

6. 产品经理不是页面经理

要始终记住，我们是产品经理，而不是页面经理。

做电商的时候，我们要知道用户从下单到付款完成，再到收货和售后的连贯体验。

做社区的时候，我们要知道用户从看帖、点赞到发帖、评论的连贯体验。

在用户进行每一步的时候，不要让用户感到迷茫，不要让每个页面都需要用户去重新认知和理解，要让用户能自然地完成每一步操作、找到每一个可能需要用的入口。

让用户真正能用产品顺畅地满足需求，而不是在每个页面驻足惊叹设计的美妙。

这才是做好了产品。

产品经理最容易忽略的是什么事？

按我的理解，以下几点是产品经理或者产品负责人会经常忽略的。

1. 任何事情要考虑全面，逻辑链条清晰

对产品经理来说，想出好的点子只是副业，怎么把产品流程的设计顺利圆满没有遗漏地完成才是天职。

比如，作为电商产品经理，除了正常购买流程，每个环节的错误页面补全了吗？每种问题的处理情况想到了吗？遇到网络信号不好时界面会是如何的？用户没登录、没绑定支付、没支付成功的时候交互如何？用户登录失败、绑定失败、支付失败的交互又是如何的？

所以，这可能是你初步想象到的正常页面逻辑：

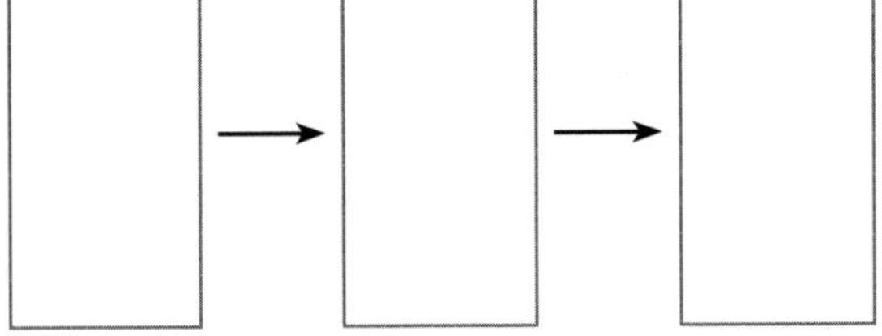

这可能是实际的页面逻辑：

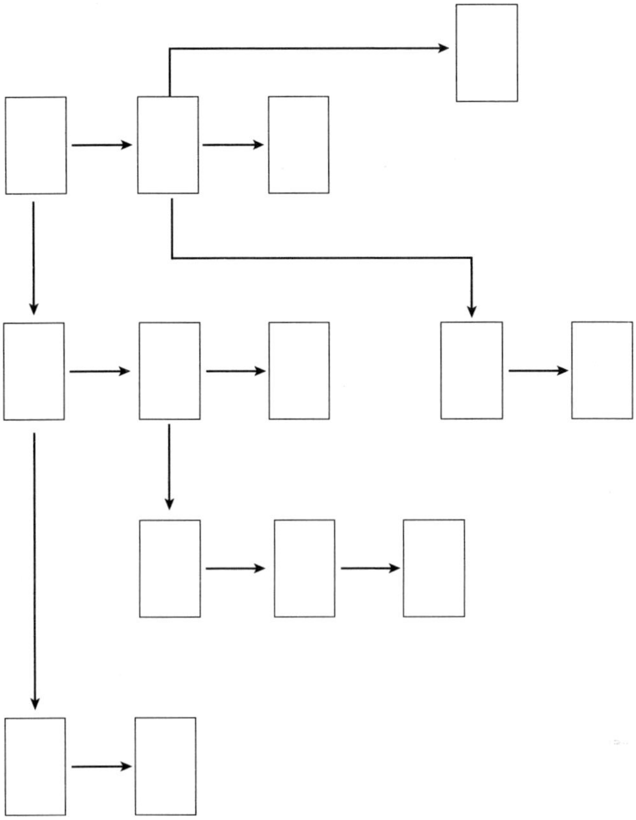

这其实是做产品时最容易忽略的事。

2. 满足需求的功能大于优质用户体验

产品经理如果看到一些很炫的 App，尤其是一些很炫又相对比较成功的 App，会误把它们的成功完全归功于用户体验。

我可以负责任地告诉大家，包含交互、视觉在内的用户体验，在用户需求尚未满足前，都是废物。满足用户需求是 1，而用户体验是可以在 1 后面添加的 0。

我见过 3D 效果做得像科幻片里的特效的 App，同事用手机给大家演示，所有人都赶过来围观。这个 App 有用吗？有用，但只有一个用途，就是拿出来让大家围观。

当然，档次高了，感觉用户视觉上舒服了。但你作为用户的时候，会发现特别难用，无从下手。作为大而全的电商网站，更多信息展示显然比界面简洁更重要。

所以永远记得，先满足需求，再考虑加特效。

3. 理解需求背后的原理和原因

产品经理很多时候是需求承接方，有时需求来自老板，有时需求来自同事，有时需求来自用户。这时候，一定要明白一件事情，就是他们给你的是明确无误的需求还是实际的方案！

比如，老板的要求可能是这样的：给我做个客户端实时记录美甲师的所在位置。

作为忠贞不贰的员工你可能就去落实了。但实际上，你需要搞明白老板为什么要这么做。在再三的追问下，老板可能就告诉你原因是：美甲师经常会为了奖励刷单，也就是不出门让朋友来下单。做个客户端记录所在位置用来帮助判断这个。

你理解了老板的需求，下一步做的时候就知道，要查美甲师是不是刷单，没有必要实时做记录，这样做不仅会增加美甲师端的流量消耗，也会增加服务器的负担。正常的接单时间都会大于半小时，因此完全可以将功能改成：每半小时记录一次美甲师的所在位置。

任何人（包括用户，严格说尤其是用户）给你提需求时，有时候只是根据自己的需求想了一个方案建议你做，但作为产品经理，要做的是理解其背后真正的原因或者原理，选择更合适的产品方案。

4. 有写文档或者做记录的好习惯

大公司会有详尽的文档撰写要求，但初创团队和小公司考虑到效率问题很少有写文档的习惯。

许多人觉得口头表述和口头确认是初创时期自然而然的工作方式，实则不然。即使最粗糙的产品功能说明文档、交互文档和需求文档，都比任何事情全靠口头解决要好。文档和记录是规范产品研发过程的重要参考，是当大家有了争执可供确认的凭证，以及最后产品版本验收的查验标准。以免半个月后，出现没人记得现在做的这个功能当初为什么决定要做的尴尬问题。

我平时用的记录工具都很常见，供大家参考——

印象笔记：会议 / 讨论的记录；零散想法 / 点子；脑图。

Keynote（PowerPoint）：交互；用户体验的想法。

Sketch：交互。

Numbers（Excel）：数据 / 信息的结构。

5. 考虑将来可能的变化

除了要考虑空间维度上的更多情况，在产品方面，还要考虑时间维度上的状况。

包括但不限于：

版本的命名和意义（不要让用户困惑）；

版本的更新周期（不要让用户觉得烦）；

强制改版的情况（旧的功能无法使用，强制改版显然不宜太频繁）；

将开发功能的预备（与技术人员沟通将开发的功能，提早在代码层面有所准备，以防经常做太多改版）；

提前考虑埋点的情况（用来做用户行为分析）；

要上 App Store 的应用，在做以上这些考虑时，一定要把审核时间算上。

6. 能否正确地完成事情，是衡量产品经理称职与否的标准

很多人问怎样才算合格的产品经理或者产品负责人，我都会说关键词在于“完成”和“解决问题”，而不是“创造”“创新”“更美”和“更厉害”。后者当然也重要，但应当只能算是锦上添花。

如前面所说，产品经理不是那种闷头想好点子的人，而是把老板对产品的定位落实到方案上、把同事们的需求落实到功能的配合上、把用户对产品的反馈落实到迭代改版上的人。

举例来说，作为淘宝的产品负责人，最重要的工作就是让用户很方便、很顺畅地买到想要的商品；其次是让商家很方便、很顺畅地售卖自己的商品；最后是让平台的营销活动很方便、很顺畅地进行。其他的都不重要。

而作为百度的产品负责人，最重要的就是让用户很方便、很顺畅地搜索到自己想要的东西。

我简单总结了这样一个对比表格，大家可以感受一下：

想象中的产品经理	真正的产品经理
出点子	落实需求
做到极致	做到完整
改变世界	服务用户
华丽视觉是用户体验	满足需求是用户体验
带领大家冲锋陷阵	更多时候是大家的后勤保障
文艺的感性青年	严谨的理性青年
偏执、独断、精英	妥协、整合、平衡

因此，对于产品经理或者产品负责人来说，“整体使用流畅、没有硬伤”比“这个功能真酷真炫真厉害”是更令人值得骄傲的褒奖。

7. 让大家喜欢也是很重要的小事

社交能力，或者说单纯地让别人喜欢你的能力，是我觉得最重要的小事。

既然产品经理的工作有相当一部分是协调、推进、跟踪和核对，那沟通和交流就是产品经理日常工作最基本的元素。能让大家都喜欢你不是件易事，比如面对工程师，有的产品经理会自降身份（“哥，给你买了新鲜的荔枝尝一下。顺便看看这个问题呗。”），有的产品经理会利诱（“最近这么辛苦，今天版本上线后，晚上请你吃饭吧。”），有的产品经理巧言令色（“你看这个功能我已经跟老板大吵三天三夜，帮你争取成这样了，你要知足常乐。”），总之要会说话，让沟通更快捷，毕竟产品经理不是真正的“经理”。

有哪些经常被无视的关于产品经理的常识？

我主要说说在产品经理和互联网领域的感受。

1. 产品经理不是经理

刚入行的时候觉得自己高高在上，或者至少觉得自己很有分量。相信大多数产品经理都是这么感觉的。“我比程序员高贵。”“我是未来要成为CEO的男人/女人。”

实际上，真把自己当成经理，工作上绝对会举步维艰，什么都推动不了。

2. 即使设计得再怎么完美，需求总会改的

以前还特别奇怪，设计产品的时候考虑周全点儿不就行了，干吗非得改需求？但是有过很多次惨痛的经历后，终于发现——需求总是会改的。

改需求不代表产品经理不认真、太随意，也不是领导总喜欢随意想点子，而是有很多现实原因。

可以列举一些——

市场情况变化。比如因为某些事件，用户的需求变动；竞争对手的动作，导致必须有应对措施。

运营策略变化。比如公司的运营手段不同，导致产品上的支撑方法也不同。

研发阶段暴露了问题。比如一些之前很难发现的底层逻辑的问题，但在研发中暴露了，因此要将产品方案改为更适配的。

时效性变化。比如开发周期过长，导致时效性下降，没必要再用原来的复杂方案。

临时需求插入。比如各种因素导致的，有更重要的需求紧急加入，这时必然要修整原来的方案或者延后开发。

虽然产品经理确实会在设计上出现纰漏，但更多情况下，产品经理只是代人受过。这是我从事这个职业前没有意识到的。

3. 用户很“傻”，而且会越来越“傻”

这里说的傻不是水平低，也不是笨，而是用户不愿意在使用产品的时候思考。

我在入行前也觉得说用户傻的人才傻，现在是什么年代，大家的知识量、对新事物的接受程度都大不一样，什么不会用去网上搜一搜、跟朋友问一问不就好了？

几年前很出名的书 *Don't Make Me Think* 里说的理念我就不太明白，后来发现在设计的时候真的很头疼。

一些特别小的问题、用户体验上极小的漏洞，都会产生巨大的灾难性后果。真的除非把用户当成新手，不然设计出的产品总会被骂。

比如之前朋友做的产品的一个功能，是邀请有奖。用户 A 发二维码给用户 B，用户 B 扫码下载，注册成功再输入邀请码，两边都有奖。就是中间有个环节，用户 B 扫码下载后，90% 的人 都意识不到要去设置里输入邀请码。

虽然邀请机制在各种 App 里都有，我们认为大家都很熟悉了，虽然在用户 A 发给用户 B 的使用说明里都明确写好了，但是用户就偏偏不去找，也不知道去找。

最后怎么办呢？把用户当成新手，设计中用户 B 扫码后先填自己的手机号，才能下载。这样记录下用户 B 的手机号，也就知道他是用户 A 邀请的了。后面就不需要用户 B 再输入邀请码了。

这样一个从产品设计上来说很小的改动，让这个功能的使用率上升了好几倍。

空白页的设计也是很好的防呆设计。比如相册、任务表等空白页，可以提示用户点击什么 / 去哪里找到新建照片、新建任务的功能。

防呆、把用户当成傻子，是产品设计的基本思路。并不是说用户真傻，而是他们越来越懒，并且希望找到最不需要动脑的产品。

这也是在 T 2 发布会上老罗主打的远程协助功能能引起大家共鸣的原因。这个技术难吗？不难。这个功能之前没有吗？有。但是发布会里演示的效果就是操作简便，老人用起来不费力，这也是产品的竞争力。

说到用户越来越傻，其实大家都是有体会的。各种设计都在让大家少动脑、少动手，过去的电脑要经过专业培训才能用，现在的智能手机 3 岁小孩都可以快速上手。

4. 要把用户体验做好，很不简单

每次用产品，总觉得不就是几个按钮点来点去，几个页面切来切去吗？有什么难的。

用户体验的话，大家都差不多，依照做就行了。

后来才慢慢知道，原来，看起来越简单、越自然的操作，就越需要更纠结、更慎重的考虑。

比如很多人用过聊天时会标注消息已被对方读到的功能后，就觉得自己想得比微信远了。大家都倾向于认为自己想到但别人没想到的，就是自己有理；而自己觉得应该没有，别人有了，也是自己有理。其实微信不这样做是有自己的考虑的：

如果我们针对一个人的需求去满足，可能获取了这部分用户，但是得罪了另外一部分用户。有人就挺不喜欢把自己的已读状态暴露给别人，因为这样的话，如果你的上级找你，你看了然后又不回，就会很麻烦。

我们要给人撒谎的机会，我们说人性化是什么？给他撒谎的机会，说我没有看到。如果我们把人都像机器一样约束起来不一定是好事。

我们为什么不做已送达的状态？因为我们觉得未来的系统是绝对可靠的，我们有这个信心，肯定会送达，除非他关机了，我们不会再专门做一个是不是已送达的功能，只有不自信的系统才会做这样一个状态。而且每发一个消息还有个已送达或者发送中，那样很不美观，多了一个东西在那里。所以这也是一种态度。对于这种用户要什么就给什么，其实是考验产品经理水准的东西，因为满足需求很容易，但是怎么找到理由拒绝他，或者说找到什么方式实现它就非常难了。

从此之后，我对很多产品有了敬畏之心，不再想当然地跟大家扯皮：这个App做得不好，比如这里，比如那里。

真是做产品经理时间越久，就越发现自己的无知。比如很简单的“可用性”三个字，就有所谓的尼尔森十大原则（后文会展开来讲）。

5. 产品设计，尤其是交互和UI，在一个产品中起到的作用只占10%

这也是过去我嗤之以鼻的。厉害的产品的交互和UI，没有做得不好的，怎么可能起不到主要作用？

我后来发现，如果功能不好用，再顺畅的交互、再华丽的UI，都没意义。

比如聊微信，你发现数据丢了、记录没了，你是不会再用的；比如逛淘宝，你找了半天都找不到想买的东西，你也不会再用。

再如12306，交互一塌糊涂（当然改版后略有好转），验证码很差，更没什么视觉效果可言，但大家不得不用啊，因为能买票，能买到票就行了。

12306的核心竞争力是垄断了票务，交互和UI比起这个来微不足道。

一方面，你会发现几乎没有人单纯为了交互和UI去使用什么产品；从另一方面来看，在互联网公司的成功之路上，产品设计相对于运营、推广、内容、资源来说，是微不足道的。

你会因为滴滴打车那几个弹窗舒服、按钮合适就用吗？当然不是。用是因为补贴多，或者能打到车（有雄厚的推广资金和强大的线下运营团队）。

你会因为微信比别的社交 App 简单、色调明朗就用吗？当然不是。用是因为大家都用，没得选（有海量的用户基础）。

你会因为支付宝的交互优秀、视觉突出就用吗？当然不是。用是因为安全、方便（有极佳的技术支撑和广泛的线下合作）。

有人会问，那为什么好产品的设计和交互都很不错呢？因为他们花得起钱雇高阶的设计师。

产品经理要多学习

在入行前别人告诉我多看书多学习时，我并不认可，觉得产品经理应该多体验、多实践。

我当时想到证明自己论点的理由是：互联网是千变万化的，产品经理又是很新的职业，过去的书和知识不能提供帮助；产品经理需要的都是软实力，比如逻辑判断、沟通能力、审美和创新能力；产品经理并不需要太多技能和成体系的方法，尤其是工具、流程和制度，没有通用的；只要够聪明，在摸爬滚打中同样能快速成长。

于是摸爬滚打一段时间后，再开始看书、虚心跟厉害的人学习，才意识到自己犯了很大的错误。

应当按刚才的顺序，倒着来做。

1. 关于成长

够聪明的确能快速成长，但是产品经理的工作周期很长，也不像工程师或者设计师，做的成果很快就能得到检验。产品设计和项目跟进做得好不好，很有可能要通过长达数月甚至半年的检验。

自己摸爬滚打的成本很高，成长还是应当建立在学习能力足够强的基础上。

而产品设计或者项目跟进的工作，可不像写代码一样，调试时就会报错，甚至还会告诉你怎么改。产品经理的工作有可能做了一年，成果有好有坏，但你很可能不能发现原因，也不知道好的怎么保持、不好的怎么改正。

明明通过别的途径能少走弯路，却偏偏要靠自己撞墙来学习，这是不合理的。

2. 关于技能和方法

确实没有通用的技能、工具和制度，比如有的团队喜欢 Axure，有的团队喜欢 Keynote；有的喜欢把文档按照交互逻辑整理，有的喜欢按照功能逻辑整理。大公司讲究格式和流程，小团队追求效率。

这只是浅层次的方面。深层次的概念和方法论，不仅可以算是通用的，简直可以说是必备的。

比如用户体验中可用性的原则，再如用户体验的五大要素（层次分类方法不一样，但道理都相通）。还有大致有几种图片排列方式、有哪些注册登录方法……这些海量的知识，如果不去有针对性地学习，很可能自己折腾几个月搞明白一个地方的做法后，才发现在知乎上别人已经答过了，看一眼就全明白。

前人的经验在这个方面显得特别重要。

3. 关于软实力

逻辑能力、沟通能力等，都是产品经理要具备的。但这些能力更需要系统学习。

从逻辑方面来说，有的是能应用于日常生活中的逻辑科普书籍，讲社交和沟通的更多。其他的能力如管理能力、组织协调能力，也都是成熟的大企业已经总结过的成熟的方法论。

这些仅靠个人领悟，不知道要多久才能悟到书里所达到的水平。

4. 关于变化

我在读书时看到例子觉得老，就有点嫌弃了。估计大家都有这种感受。书的出版周期很长，所以时效性难免差一些，不过主要是指例子。

在读了很多关于互联网、创业和产品的书之后，我深刻感觉到，除了例子很老，大多数方法论、道理和逻辑，都不会过时。

这简直打开了新世界的大门。我翻了很多出版三五年甚至七八年的书，发现现在遇到的问题居然都能从中得到解答。网页互联网时代的很多分析，用在移动互联网只是在实现层面有差别，在底层逻辑上完全一致。这也是《用户体验要素》差不多是 20 世纪的作品，过了 15 年仍然是产品经理们的必读书籍的原因。

就以《启示录》为例。这是 2008 年出版的一本书，但关于产品设计的内容，到 10 年后的现在都是适用的。

比如很多朋友会问的问题：外包团队靠谱吗？有什么问题？

书里提到（作者把外包称为定制）：长久以来，开发定制软件困难重重……虽然需求存在，但客户通常不知道自己想要什么……等到交付软件时，客户往往发现到手的软件和想象中的相差十万八千里，于是又要求开发人员修改，如此恶性循环，客户屡屡失望而归。

定制软件的客户认为自己了解自己的需求，所以不需要什么产品经理，也不需要用户体验设计师……客户不理解什么是用户体验，以及对成本过于敏感（让开发人员设计产品可以节约成本）。

是不是特别眼熟？

换句话说，这就是现在老板们遇到的问题：开发个 App 到底需要多少钱？我让外包做的产品怎么不令人满意呢？

他们既不理解为什么需要产品经理和设计师（不就是放几个按钮、画几个图标吗？），也不理解为什么外包团队总是做不满意（告诉他们大概的样子，实现不就行了吗？）。

我见过的所有的外包团队的作品，都会遇到这样的问题。

我再摘录一段话，大家看看是不是感觉特别有道理、特别眼熟。

许多产品团队没有意识到，或者很晚才意识到要转变工作重心。更糟糕的是，产品经理还时不时冒出新点子；公司高管认为产品文档还可以继续修改，导致开发要求大幅变更，严重影响开发团队工作。结果不是发布日期一推再推，就是某些功能被迫取消，或者产品质量下滑。

这段话说的就是我提到过的“产品经理不仅要想点子，还要保证产品的实现”。

在我看来，每当团队内出现严重的意见分歧时，并非大家对事实的认定有争议，而是对目标和目标的优先级有不同的理解。

这是我提到过的“有争执时讲道理都可以解决问题，除非大家价值判断不同”。

我无法想象不深入理解用户需求，特别是在禁止与用户面对面交流的情况下，产品经理怎样打造出让用户满意的产品。

这是我提到过的“任何事情都要根据用户的需求做判断，而不是主观上做太多自以为是的设计”。

目前流行的研发模式通常是这样的，创业者想到一个好点子，得到启动资金后，马上招聘程序员开发产品。由于创始人最清楚要做什么，因此，他通常会扮演产品经理和产品设计师的角色。开发团队则按照他的想法实现产品。这些创业公司一般在秘密状态下运行，很少与用户互动。另外，由于产品需求和创意往往边做边变化，开发进度相对较慢。

这里面同时提到了创业中创始人会兼任产品经理、创业过程中太过频繁改动需求和创业者过于关注自己的点子的保密性的问题。难以想象，2008 年在美国就流行的事情，在如今的中关村和望京 SOHO 重新上演。

我看书的时候边看边拍大腿，一是因为说得太有道理了跟我想的一模一样；二是后悔为什么没有早点多读些书。

5. 程序员总是会讨厌产品经理

不管怎么讨好程序员，他们总是会讨厌你的，不用太担心是不是自己做得太差，协作中尽量公正就好了。

第二章　用户与需求

用户永远是产品经理最核心的课题，不了解用户就不能称之为产品经理。遗憾的是，市场中，对用户的认知都是一知半解的客户经理不在少数，他们以为使用工具、画原型、写文档就是他们的工作了。

关于对用户的思考有非常多的维度，也有非常多的方法，不过最重要的依然是要有用户意识，做所有的事情之前，脑海中要有用户存在。这才是产品经理立业的基础。

你了解你的用户吗？

你的用户是什么样的人，除了坐在办公室里的其他同事，你最近一两个月见过其他用户没？

1. 产品经理不能代表用户

产品经理通常是坐在办公室里苦思冥想的角色，有时会深陷在自己的想法里无法自拔，有时会跟运营部门和技术部门的同事反复争论用户的需求、争论功能的逻辑。产品经理总是代表用户，但这样的状态很容易让产品经理“自以为”代表了用户，实际却相去甚远。

自从做了O2O行业，历经美甲师、外卖配送员和网约车司机三个群体，我已深切体会到他们的感受。你不像他们一样生活、一样理解世界，即使有再强的同理心也没用（除非你有先知或者窥探人心的能力），还需要理解别人理解世界的方式，那这就不是靠想象力了，而是靠真真切切地感知用户。

2. 自己动手了解用户

有的产品经理喜欢用相对“专业化”的方法做用户调研，甚至有的公司也会请第三方的咨询顾问来做分析、做用户洞见。倒不是说专业的方法没有意义，只是迄今为止，我尚未见过有什么产品的洞见是局外人来提供的、有哪些对用户的感知是凭借咨询公司完成的。

一来这些第三方公司、职业做调研的人群（用户研究员、问卷调查专家之类）在职业技能上比较优秀，可他们既不了解业务，也不了解用户，今天调研完三四线城市的民工群体，明天去调研写字楼的高级白领，对目标群体未必有深入的理解；二来类似的方法和流程周期都很长，成本太高。

对比起来，还是应该产品经理自己动手了解用户，当遇到一些“瓶颈”时，再动用规模化或者专业化的工具比较好。

3. 任何产品都存在用户，都需要多接触用户

曾经有做 B 端产品的同学说，他冥思苦想了一个星期，都分析不出甲方到底想要什么产品，问我该怎样提高 B 端的需求分析能力。我说这压根不是能力的问题，你明明立马就可以联系到甲方跟他们聊一聊，为什么要自己在这瞎想呢？哪有产品经理用格物致知的方法就能洞悉世间万物啊？

4. 不仅要跟存量用户接触，还要跟潜在用户接触

有时产品的用户增长之所以遇到“瓶颈”，是因为产品经理只关注现存用户的需求，他们的需求的确容易获取，但问题在于，基于他们的需求反复迭代优化，结果无非就是提升了留存，并不能吸引新的用户进来。举个简单的例子，你的产品定位品位很低，就意味着有高品位的人群不愿使用，而他们究竟用没用你是无法知道的。

所以可以想想有哪些人你原本认为是用户，但尚未成为你的用户，找他们聊聊，会得到特别多的启发。像我每次听到有人说“我本来想做滴滴司机 / 想用滴滴叫车，可是 ×××”的时候，简直就像捡到了宝，跟他多聊两句远比对着数据报表和需求文档冥思苦想格物致知有意义得多。

要不要把用户当小白？

1. 现在不是小白用户的时代

前几天看到网上有人提到把用户当成小白去思考这个理念，我的回复是“话虽没错，但未免太古老”。这个理念可谓是互联网远古时代（如果有的话）的产物了，我还记得本科的时候在图书馆里翻互联网相关的书，看到的就都是类似的说法，极简设计，不要复杂，Don't make me think 等。

为什么称之为互联网远古时代呢？因为在那个时代的互联网大洋上各种事物几乎都是新的，每个来这里“冲浪”的用户都是迷茫和顾虑的，每个产品也都是抱着上下求索的心态来做设计的。工程师、产品经理、创业者跟用户一样，都是这片大洋上的开拓者，要建立新的秩序、要创立新的生活方式，最好的方法是什么呢？当然就是复制旧的秩序和旧的生活方式。

所以在最初的产品定义里，QQ 就是网络传呼机，3721 就是网络地址簿，门户网站就像网络报纸杂志，BBS 就是网络公告板，大家的上网方式都是简单且容易理解的。

在产品体验的层面，不管是早先的电脑时代，还是移动时代的初期，很少有复杂的交互。电脑上就是链接和按钮，移动端则有大量的拟物标示，几乎不存在复杂的手势操作，示意用的也多是文字而非图标。

像有人总结的 Instagram 底部标签的历史演进，就代表了移动时代这些年交互视觉上的演进。

关于设计层面的更多分析，网上有很多，这里不再赘述。

描述这些，更多的是想说明，其实经过这么多年，在当下的大量互联网产品中，"把用户当作小白"未必都是通用法则，它存在许多条件的限制。

2. 用户已不是小白

就跟讨论一个辩论题目一样，我们先定义什么是小白。在不同的语境下，小白有多层含义。

对互联网产品不熟悉的用户，比如很少使用互联网产品的老人、小孩；

对产品领域不熟悉的用户，比如从未叫过外卖的用户，相较外卖产品来说是小白；

某产品的新用户，比如从未使用过美团外卖的用户。

在前面描述的背景下，大家指的小白往往都是第一种。然而现在的互联网产品，尤其涉及线下业务的大量产品，都存在这几类不同的用户。

为什么要区分这些用户？很简单，用户的学习成本差异很大，换言之，在产品的使用上，不同用户的"受教育程度"是不同的。

举个耳熟能详的例子，美团在有滴滴的城市上线打车业务，产品的设计理念应该是什么样的？是把用户当作第一种小白吗？并不是。美团只要粗暴复制几乎所有的滴滴司机端乘客端的使用流程和体验，就能瞬间把滴滴原有的用户吸引过来，这些用户的学习成本几乎为 0。（实际上，美团也是这么做的。）

在这个例子中，美团只需要把用户当成第三类小白，亦即"使用过滴滴但没用过美团的用户"就可以了。对于第一类第二类小白，替代成本太高了，得不偿失，在商业竞争中没有必要。

所以，如果大家现在是美团打车的第一个产品经理，不要把用户当成各个环节都可能迷茫和疑惑的小白用户。这是不要"把用户当小白"的一例。

那我们应该怎么做呢？很简单，我们要看目标用户转移时的使用成本的差。

把用户当作第一类完全的小白，也就是把用户当作任何步骤都可能犯错、都可能不明白、都可能搞不清楚的人，这是一种愚蠢的做法，也是一种偷懒的做法，相当于忽视了用户旧的使用体验，也算是臆想出了一种人群。

举个例子，我们最近在做快车司机感谢红包，乘客可以给司机发送红包，我们倘若把司机和乘客当成完全的小白，就需要做大量的培训工作，培训内容包括：什么是红包？怎么发放红包？红包是做什么的？红包怎么领取？红包的钱去哪儿了？等等。流程可能也要复杂许多倍——担心完全的小白不理解。而实际上，这种小白在司乘群体中几乎是不存在的。

3. 让用户认知我们的产品

产品所要呈现和提供的内容，应该是面向用户的，我们要了解我们的用户。

要说明以上的道理，简单的公式可以是：用户的认知差 = 新产品的认知需要 - 用户已有的认知。我们要研究的更多的是后者，就是现在的用户认知我们的产品，已经到什么层面了。

前面已经举了两个例子了，就不多说了。许多产品经理沉溺于理论场景的推演，沉溺于某些方法论，而不愿意接触用户并让用户提供一些输入，不在实践中看看用户是否能理解而只是一味猜测，这就有些本末倒置了。

所以，不要把用户当小白，就把用户当用户好了。

谁是你的核心用户？

产品经理是有一些成人礼的，显然我说的成人礼不是指画出了第一个原型图或者写出了第一个文档。成人礼的含义是，能够不只是扑在细节上，抠一个文案的字眼，或者一个交互按钮的摆放位置，也不是抠某个具体的用户需求（不是说这些不重要，只是比较初级），而是把注意力放在定义更重要的事情上，主动探索许多未知的边界。

在这些未知当中，定义核心用户是极其重要的。试举两例——

第一例

有朋友听说我在为滴滴做司机方向的产品，就反馈了一些案例。其中一个就是，他见到一些司机，只要接到稍微长一点的订单就要切走（切走是指绕过平台线下交易），尤其对于滴滴的拼车计费逻辑非常不满，总觉得抽成过高。

想要解决这些司机的问题，自然也有很多方法，简单的如降低抽成、加强管控，复杂一些的就是弱化抽成、丰富奖励补贴逻辑等。看似都是应该做的，不过若是在滴滴这样大规模的平台上做产品，更重要的还是先在宏观层面思考。

首先，千万量级的司机里，究竟有多少是这样的司机？其次，为他们提供解决方案，又能解决多少人的问题、解决到什么程度？最后，这些司机带来的价值，和其他不同的司机带来的价值，又有多少区别？

这些问题思考出了结论，方可进行方案的推演。其实，有一些司机，哪怕第三方平台抽成是 1%，也会想办法切走订单。这些司机本来就无法成为滴滴平台的用户，他们的诉求我们是无法达成的。当从整个平台的宏观视角看的时候，就会发现司机分为许多类型，有认可滴滴的模式的，也有不认可的，我们自然要先照顾前者。

第二例

回想起来当初做嘟嘟美甲，比较遗憾没有做好的几件大事，其中之一就是没定义好核心用户。

O2O 大战激烈的时候，用户端补贴和美甲师端的奖励都是海量供应，而且不做分类、不做标签，两方的用户都是“来的都是客”。结果就是涌入了大量的非核心用户，有的压根没有做过美甲，有的即使做过美甲，也是抱着“等这个便宜赚完我还是该去店里做就去店里做”的心态来的。

美甲师一方也是如此。其实有很多年轻美甲师是有比较强烈的学习欲望和成长预期的，如果我们能够把嘟嘟美甲作为创业平台，提供更多的成长空间而不是短期的物质奖励，吸引能带来巨大价值的美甲师，那她们大概会更加愿意留在平台上，和我们建立一种更持久的关系。

当然这都是事后诸葛亮，无法验证。只是如果让我再做一次，我会尝试先定义好核心用户，先为他们着想，而不是吃大锅饭形式的产品运营生态。

这两个例子想说明的就是定义核心用户的重要性。要问怎么定义的话，并没有通用的方法，更多还是结合用户价值和商业价值做的综合衡量。比如对于知乎来说，内容创作者中能高频贡献有价值内容的以及有粉丝缘的用户，更容易带动社区发展；对于携程来说，每年有固定三四次出行计划的用户，就比相对随意没有规划的更加核心一些。

所以不妨多花点时间想想：到底哪些人应该是产品核心的用户？现在用产品的，有多少是核心用户？还没有用产品的核心用户，又有多少？

怎样得到真实的用户需求?

这是个很有趣又很棘手的问题，最近问这个问题的朋友很多。

类似的问题还有：

真实需求是真正可以在产品投入市场前预知的吗?

针对某些需求完成了产品，投入市场后效果差，就证明需求是非真实的吗?

成功的产品，都是因为对需求的预测比较准确吗?

我先回答“怎样得到”这个问题。

完成需求的过程并非只是简单的一步，在我看来可以这么描述：

获取信息≥整理统计 ≥分析总结≥功能设计≥实景验证。

1. 获取足够全的信息

获取信息的途径极多，比较常见的有：

公开信息。包括新闻（百度新闻、科技媒体、微信搜索）、大众评论（微博、微信、知乎）、相关领域的网站和论坛、各种互联网分析网站（艾瑞咨询、企鹅智酷等）。

用户调查。在线问卷（问卷星等）、线下问卷，还可以委托代理公司等。

用户访谈。找到目标用户中较高质量的进行跟踪访谈，高质量的定义一般是在领域内资深、对产品体验要求高、有话语权，以及善于表达。

行业专家、同类产品从业者访谈。可以获得更落地、更真实以及更深入的一些信息。

通过这些途径，要获取的信息是：

市场规模、市场特点；

竞品状况、用户使用情况；

目标用户特征；

用户目前满足同类需求的方式；

用户期望其他哪些方式满足需求。

按道理说，这些都是常识性的东西。但很多有创业点子的朋友来问的时候，我都感到特别奇怪。

“你说的这个两年前就有了啊。”“你这个市场有多大根本没有调查过吧……”“你觉得用户真的有这种使用习惯吗？”这样的话我不知道说了多少遍。

即使所有信息都尽量获取了，也只是完成了需求分析的第一步。后面的几步真正做的人、做好的人，会越来越少。

2. 整理数据、总结信息，并得出分析

整理和总结实际上并不是特别棘手，对于稍有统计知识或者做过调研的人，这些都不用多说。

我想提到的是，在每一步统计和总结中，一定要做到两点：A. 有逻辑 B. 避免陷阱。

比如，朋友的二次元项目做调研，发现垂直领域女性用户占比 95%，是问卷得来的，应当很准确，但在做调研的过程中他们发现，男生很少愿意填问卷，所以真实比例肯定比这个小。

由于种种目的，问卷填写者可能不会填写自己的真实意图，访谈者也可能不会告知真实的想法。

另外，对于很多用户提到的想法和灵机一动的点子，要发现其背后的需求，

要做沉淀，而不是把这些东西当成真正的需求。

比如用户说想有人一直给他做饭，你不要觉得他的需求是“找人做饭”，应该记下来的需求点是：平时忙没时间做饭，又不想出去吃，觉得不干净。这样抽象出来的核心就是：方便、快捷、卫生。

如果只是找个人做饭，结果预约步骤麻烦、上门服务又不够干净，即使再便宜也没用，因为这不是他的需求点。

3. 将需求转为功能设计

我们在做产品设计时会觉得这一步很简单。用户饿就给饭吃，用户渴就给水喝，这么简单的事情，为什么还要单独拿出来说？

还是刚才的例子，上门做饭，方便要方便到什么程度？干净要干净到什么程度？方便和干净的程度你大致有体会了，预约流程和上门服务的规范具体要做成什么样才能满足用户呢？

还是之前的例子，微信当初的语音对讲功能满足的就是移动设备上的方便、快捷、沟通的需求，但在大部分产品设计者的心里，人工智能的王道还是怎么把文字和表情做到极致。

很多经典案例或者优秀产品设计总结，都会用“另辟蹊径”“卓尔不群”“意料之外”“上帝之手”来形容，然而实际上这些优异的产品设计都基于用户已有的需求。跟我一起念：用户已有的需求！

我们之前也购物，所以我们也用淘宝；我们之前也读报看杂志，所以我们也用知乎日报和一刻；我们之前也到处贴广告发通知，所以我们也用 58 同城。

需求必须是一以贯之的，做一个天气 App 是为了解决用户快速获取天气信息的需求，可能还有得到更多诸如环境信息、获得更好的视觉体验的附加需求。但如果还要做社交、做智能硬件，就离原来的需求差好几个次元了。没错，我说的就是墨迹天气。

当然，最牛的产品经理也不能保证自己设计的功能就真正符合了用户的需求，这时就需要下一步了。

4. 快速验证，在用户使用过程中修正需求

这时候可以回答开头提到的三个问题了，答案显然都是否定的。

一个产品能不能真流行，因素实在太多了。没人能确保自己的产品做出来就能让用户觉得很厉害，更多的情况是，在不温不火中慢慢发现了需求的偏差，慢慢做好了更重要的功能，慢慢成为真正受欢迎的产品。

模仿 Twitter 的产品当年有很多，新浪跟大家做的方式不一样，跟 Twitter 也不一样。它敏锐地把控到了娱乐、文化这一方向在国内的趋势，所以能做成做大。

做团购的产品当年也有很多，美团对用户端率先上了全额无条件退款的功能，对商家端率先提供了半自动结账的功能，很快就势如破竹。

这些都不是因为谁是天才，或者谁的巧合，而是因为在运营过程中很好地把控了用户的需求。小米一直提的互联网思维不就是这个吗?

作为总结，就一句话：任何需求的分析和总结，都要有逻辑、避开陷阱；任何需求的修正，都要投入市场、观察用户。

这样就能做出真正符合用户需求的产品了。

如何确认用户需求?

我在跟许多创业者聊关于用户需求和产品方案的时候，发现他们中的很多人在逻辑判断上存在几个严重误区：

1. 我的产品只要够好，就绝对有人用

我见过的有的创业者误会了这件事情。

所有的产品都要解决真实的问题。没有问题，就没有需求，也就不应当有产品。

比如你看到大街上有好多胖子，于是开了一个健身房，请了最好的教练，制定了最合理的价格，然后请他们去。结果他们说，我们是胖，但是我们不觉得这是问题啊。

比如你做了一个新的微信，界面精美、交互喜人，安全性翻番、流量消耗减半，但是现在大家都不会去用，因为日常在使用微信时根本没有遇到问题。贸然转移到你的平台上，反而会造成更多问题。

之前刚遇到一个传统行业的朋友，他想改造他所在的培训行业，因为教学流程中有很多可以优化的地方。比如教材可以电子化、学生上课可以打卡等，但是，这些问题对于学校、学生来说，都很需要解决吗？这是存疑的。在现在看似低效的使用过程中，真的会遇到问题吗？

2. 我的产品肯定能行？

市场很火 / 用户很多 / 他们经常遇到问题，所以我的产品肯定行。

从问题到产品的逻辑链条应该是完整、清晰和合理的。

市场≥用户≥问题≥需求≥功能≥产品。

并不是说，最近旅游市场火爆就能证明这个产品是应运而生、没道理会输掉的！

旅游市场火爆，只能证明这是个好的方向。具体要面对旅游市场中的哪些用户？要解决这些用户遇到的什么问题？这些问题反映出的是什么需求？什么样的功能可以满足这样的需求？怎样的产品能实现这样的功能？

这些都是环环相扣的。一个环节出了问题，体现在产品上，就是有人用和没人用的区别。

这其中，有一点需要你思考清楚：他们的问题，我用这套方案是不是能解决？

很多时候，问题是摆在那里的，用户也是有抱怨的，但不代表事情就能得到解决。各种因素错综复杂，不只是功能实现就可以的。

比如农业领域的很多 O2O 项目，道理讲得很对，在农民群体的日常生活中，也的确有很多低效的场景可以解决。但让农民都熟练使用 App 来做事，就几乎不可能。

比如境外游的一些项目，功能逻辑足够清晰，对提升体验的诠释也合理，问题是，想实现这样的方案，在现实层面困难重重。当地的资源如何协调？政策上会不会有什么风险？国外的制度是不是允许和认可？这些可能是更重要的。

3. 满足用户越多需求越好

很多人习惯性地觉得服务要一条龙，或者觉得这里要是个大杂烩，才能吸引人。殊不知从用户角度看到的大杂烩，在设计者眼中会完全不同——有的功能是核心功能，有的只是临时的活动或者辅助的功能。

产品涉及的需求多了，反而证明没有哪个需求是很重的、刚性的。

有一个很简单的检验方法：设计的产品，满足了十项需求，这是没问题的。但是在迫不得已的情况下，你还能不能砍掉中间的哪个需求？砍掉五项，产品会是什么样子？砍掉七项呢？砍掉九项呢？

如果有人说：我的产品只有在同时满足五个需求的前提下，才能有效果。那我基本不会跟他继续聊了。

之前有朋友说做足球运动的 App，要有比赛实况、要有约球平台、要有售票功能、要有买球商城……社交电商 O2O 一个不落。我说，你要满足的核心的需求是什么？他说，我的产品满足的核心需求就是足球爱好者的所有需求，缺一个都不行。你看，其他产品能有我这里全吗？

好的产品总是会有这个特性的。即使砍掉很多功能、缩减能满足的需求，也不会影响产品的核心价值。微信去掉朋友圈照样可以用，知乎把收藏夹砍掉大家也不会作鸟兽散。

4. 用户有需求，我们就做呗

有时需求还要做选择、有斟酌。并不是所有的需求都值得去做。

除去刚刚聊到的有的需求很难满足，还要考虑团队自己的能力和状况。

比如谁都知道 VR 是趋势，大家都在研究，但是在 58 同城上招到的技术专家能做到什么程度？或者像“Her”里出现的人工智能，并不只是做个交互、集成个语音助手就能搞定的。连 Siri 都远称不上聪明机智。

技术能力、财力，也包括很多 O2O 项目的线下能力，都是在做需求分析的时候就要考虑到的。有的需求不是一般人能做到的。

以上是思维时要考虑的问题，下面是两点执行建议。

①捋清楚所有逻辑

有的需求分析，根本证明不了自身的逻辑合理性。

比如，做家教 O2O，师生两端的需求足够清晰吗？如果只是提到而不能看到老师的信息，不知道大家对这个老师的评价如何，学生和老师之间没有第三方担保，出现这样的问题，并不能构成通顺的逻辑。

学生的需求要跟老师的需求挂钩，才是基本的逻辑。我听过有人说，通过补贴和奖励把家教老师吸引来，再通过方便的打卡记录、电子教程等把学生吸引过来，这样平台上两类人就都有了……但你不觉得特别奇怪吗？老师的好处你来给，学生的好处也是你来给，这怎么可持续发展？

正确的逻辑是，所有人在你产品上的需求都能互相得到满足。打车平台上，司机赚钱，乘客获得服务；直播平台上，主播获得打赏，观众获取知识或者乐趣。

②用科学方法求证

不是自己觉得这个行业太落后了，就证明需求是合理的。

要确定需求是不是真实的，是件特别麻烦的事情，不是一句“我在这个行业可是待了四五年了”就能打发的。

不要听同学朋友说，不要自己埋头想象，走出去问问别人、查查数据，然后做个样片试试看。

挖掘用户需求的几个方法

这里就提一个点：看需求的方法有很多，不要觉得对的结论就是最好的结论。

1. 需求多看几个角度

对于同样的行为，或者说出同样的话，背后的需求是完全不一样的。

比如，同样是找你帮忙给他答案点赞的，看似都是“需要点赞”的需求，背后可能是：

我这篇是软文，需要传播。

我希望这篇能够帮到更多人。

我这篇赞数太少了，有点丢人。

其实类比一件事，大家就很清楚了。当女朋友跟你发火、赌气，她的需求每次都是千变万化的。有时候需要你给她买个包，有时候需要你带她出去玩，有时候需要跟她说清楚你昨晚到底在哪儿。

2. 需求多分几个层次

不一样的产品经理，看问题的深度或者高度是不同的。越深入某个行业、越懂得某个技巧，就越能看到更多的东西。

比如，一个人说她要减肥，她的需求就是减肥，这是最表层的。我们分几层看，是这样的：

用户反馈	我想赶快减肥
表层需求	需要一个能快速减肥的服务或产品
深层需求	成为一个体态优美的人
人性需求	虚荣心得到尊重和欣赏

直到人性需求，这次的需求分析才能算到底了。我们了解人性需求有什么意义呢？

如果我们以为她只是减肥就好了，提供了一种特别有效的减肥操，但是这个操很难看。如果你意识不到，来减肥的人其实都是对自己形象有要求的人，那么这样的方式虽然满足了表面需求，却破坏了底层需求。

再举个例子：

用户反馈	我要订超市东西送货上门
表层需求	需要一个能送超市商品上门的平台或者服务
深层需求	要快捷、便利地买到生活用品
人性需求	懒惰、不喜外出

对于很懒的人，或者宅男宅女，他们的需要，也可以在很多环节优化。我们能够从人性需求上判断出这些人是怎样的人。

3. 需求多跟用户聊

我的态度跟之前很多回答里的是一样的，定量的调研有各种各样的问题和缺陷，也并不适合创业公司、产品新人去用，这种方法会受执行者的水平所限，且要效果好必然成本高。

我更建议新人多跟用户聊。但要记住，用户访谈是有很多讲究的，这里不展开说，就提一个点。

在访谈时，一定要多问为什么，发掘每个话题背后的逻辑。

你想要减肥，为什么？因为我胖。

所以胖如何影响到了你的生活呢？找不到女朋友。

那你觉得胖在你找不到女朋友的原因中占多大的比重？

……

有很多是关乎访谈者的生活方式和个人情况的，所以就要求我们，在问的时候循序渐进，并且一定要处好关系，确保他们说的是真实的情况。

4. 需求多去试验、体会

作为产品设计者，一定要到需求所在的环境和情景中去体验。如果是做减肥的产品，那为了了解胖子的需求，最好的方法就是变成一个胖子。

当然减肥是一个例子，在很多产品里，是完全可以先变成自己想象中的用户的，不停地去体会需求，看自己在这样的场景下会想到什么、做什么、需要什么。

我很认同许多朋友提到的乔布斯说过的话：你不把产品给用户，用户就不知道自己需要什么。但要真的抛开所有用户调研和访谈来做产品，只有两种情况：①你对用户需求足够了解，完全清楚；② 你对自己预测、感知和设计的能力极其自信。乔布斯是能做到这两点的，但我目测到的大部分产品经理，第一点都很难达到，更不用说第二点了。

所以当很难通过用户访谈获得真实有效的信息时，就把自己变成用户吧。

如何给用户需求排序？

需求分析有两种核心的方法：定性分析和定量分析。我就从这个维度来解释下怎样对需求做判断。

1. 定性分析

1.1 Kano 模型

Kano 模型是现在大家都比较认可的方法。实际上，即使你没有系统学习过这个模型，也肯定对其理念有一定体会。

那具体怎么区分这些需求呢？ Kano 模型就提供了这样的方法。

我这里用的是飞哥简化版，大概是这样的：

<table>
<tr><th colspan="2" rowspan="2">飞哥简化版 KANO 模型</th><th colspan="3">如果没有的话</th></tr>
<tr><th>开心</th><th>无所谓</th><th>不开心</th></tr>
<tr><td rowspan="3">如果有的话</td><td>开心</td><td>矛盾</td><td>惊喜</td><td>期待</td></tr>
<tr><td>无所谓</td><td>错误</td><td>无关</td><td>必要</td></tr>
<tr><td>不开心</td><td>错误</td><td>错误</td><td>矛盾</td></tr>
</table>

作为一个功能，每行对应的是如果有的话，用户会开心、无所谓还是不开心，每列则是如果没有的情况。

矛盾：如果用户觉得功能存在和不存在都很开心，或者都不开心，显然是有问题的，所以说是矛盾的情况，是存在逻辑问题的，不予考虑。

错误：如果功能不存在让用户很开心，或者功能存在让用户不开心，那这个功能显然是错误的功能，不予考虑。

无关：如果功能存在和不存在，用户都觉得无所谓，那功能也就无关紧要了，同样不予考虑。

最重要的就是剩下的三类了——

必要：如果功能存在用户并没有特别的感觉，但不存在会不开心，说明这个功能是满足基本需求的，也就是大家常说的痛点。

期待：如果功能存在用户很开心，功能不存在用户很不开心，这就是满足用户最直接、最明显的需求了，是用户内心已有期待的。

惊喜：如果功能不存在的时候用户并没有感觉，说明这个功能用户之前没有预期，但功能存在用户很开心，也就是说达到了惊喜的效果。这就是小米常说的惊喜点，即让用户尖叫的功能。

任何需求都可以分为惊喜型、期待型和必要型。大家考虑需求的价值，就要基于这三种来做判断。

很多公司和产品利用的产品运营手法就是在满足后两种需求的同时，不断用第一种需求激活用户的热情、促使用户传播。

1.2 用户访谈

除了通过常识对需求做以上提到的判断，还可以将深度访谈作为配合，来验证之前的考虑。

访谈的时候尽量用开放性的问题来沟通，不要直接问：如果有这样的功能你会不会用？你到底想要什么样的功能？而是了解用户背后的需求、他使用的场景以及他过去满足相同需求的方法，这些信息能提供关键的证据，来辅助验证大家的判断。

沟通时，对同样的功能，也可以用多种问法来试探用户，以免用户不够理解；同时，也要反复对同一个功能做深入的探讨：这样不好的话，那如果是那样呢？你觉得它不符合你要求的原因是什么呢？再即时地做出反应，以获得更有价值的信息。

2. 定量分析

如果定性分析不能保证效果，那定量分析就可以获得更准确的信息，相应地，成本会偏高一些。

2.1 数据获取

数据获取有两种：一种是功能设计前获取一些能辅助做判断的信息；另一种是功能上线后观察一些用户使用的行为数据。

对于前者，具体方法有很多，公开渠道、咨询公司或者调研都可以，就不展开说了。对于后者，关键就是观察用户是不是在用某个功能和在用这个功能时的具体行为。

数据只是提供信息，做判断一定要经过逻辑分析。之前某老板说从大数据判断出去洗脚店和去医院看病的因果关系，让人大跌眼镜，这就是滥用数据做判断的典型例子。用户数据是最有价值的信息，但怎么用，是很有讲究的。

2.2 快速验证

访谈的结果有时候不会特别可靠，快速验证是最重要的方式。具体方法有很多，包括大家常提到的Demo、MVP(最简化可实行产品)、灰度发布或者A/B测试。

其实大部分手段只适用于功能已经比较完善的情况，也就是做事后判断，而不是事前的预测。

折中的方案是用最简陋的方式做一个满足需求的功能，投入市场中观察用户的反馈，以确定功能的重要程度。如果用户反馈良好，就做得更完善、优化得更好用；反馈糟糕就放弃。

不过，虽然这样的验证可靠，但显然成本很高，要酌情使用，对于特别拿捏不定的可以用这套方法，但如果每个需求或功能都用这套方法，其实意义就不大了。还是要通过更准确的判断来定性需求和功能，从而节省成本。

最近我看过一个很有趣的快速验证方法，特别狡猾，是国外的，可供参考。

他们想检验用户是不是对他们的服务感兴趣时，并没有考虑做个简陋的MVP，因为他们认为没有良好体验的功能版本并不能很好地进行检验，所以他们就做了一个精美的官网，列举了他们要提供的所有的功能和服务，甚至支持真实支付成为会员。但是，他们没有做任何功能和服务。

虽然都是假的，但用户真正来到了哪个页面、有多少人关注这个服务、哪些人有付费意愿，这些数据都拿到了。觉得靠谱接着做完，不靠谱就退款给用户，成本极小。

是不是很厉害的方法?

抛开场景谈需求就是耍流氓

这是个特别好的问题，因为我在还是新手的时候对这个问题也很疑惑。

用户在哪个场景下用关我什么事啊？我只需要让用户用得舒服就行了。

你在淘宝上买东西，在家里用电脑可以买，在地铁里站着可以买，在厕所里方便的时候也可以买，有什么区别吗？

还真的有区别。

当你把用户体验和用户场景割裂之后，就会发现做用户体验很容易陷入“老板式”或者“拍脑门式”的设计。不结合真正场景做出的功能就是耍流氓。

设想和完善健全的用户场景有助于：

①让需求分析更准确；

② 让产品功能更全面；

③让市场定位更明晰；

④让团队对产品的理解更具体。

我们分条来描述。

1. 让需求分析更准确

需求分析是设想用户场景最直接也是最重要的意义了。

老罗在T1 手机发布会上很引以为傲的功能就是手机抢拍。估计很多人都知道，我还是简单介绍下。

手机抢拍的场景很简单：用最快的速度拍下稍纵即逝的某个画面。

这个画面可能是社会新闻，可能是流星划过，可能是谁做的鬼脸或者遭遇的出糗。

你会发现，速度是最重要的。这时候提分辨率和取景结构就是要流氓。

所以 iPhone 最早的方法就是锁屏上有一个快捷进入相机的按钮，确实能瞬间打开相机。

而且在有锁屏密码的情况下，也可以直接进入相机，只不过看不到之前拍的照片。

但从开启到对焦到拍照的过程，仍然解决不了上述场景下要求急速的问题。

所以 T1 的做法是：

掏出手机时长按两侧按键即可进入相机，松手即拍照。

不仅省去了点击图标打开相机和点击拍摄的步骤，还省去了对焦，以默认对焦无限远的模式拍照，这样能保证速度最快，虽然画质可能会不清晰。

后来，T1 还做了一系列优化，比如松手拍照会连拍多张，能记录下松手后一段时间内的多个画面，捕获目标画面的可能性就大大提高了。这就是专门针对场景所做的功能，而这个功能，如果脱离场景，是很难想象得出的。

任何需求分析都要跟用户生活中的使用场景相关联。

2. 让产品功能更全面

知道用户的心理，就更容易把事情做准确。而知道不同用户的使用场景下的心理，或者知道用户在不同场景下的心理，就有利于把事情做全面。

在脱离场景摸索功能时，很容易漏掉一些功能，也就漏掉了很多用户。

比如对于在淘宝这样的平台上购买键盘这一使用场景来说：

有的是想好了买电脑键盘而且必须是雷蛇的“黑寡妇”，他的使用场景下所需的功能就是比价、看店铺的诚信度、看商品的信息；

有的是要买键盘，心里有大致的价位了，但不确定买哪款，这样的场景需要的则是根据价格筛选商品和店铺的功能；

有的是要买键盘，但自己也不知道哪个价位好或者什么样的适合自己，那他需要的就是更多有关键盘市场的整体介绍和推荐，以及一些促销和优惠信息；

有的只是随便看看，但有潜在的购买意图，他就需要更强烈的刺激，比如用优惠、推荐和专题来打动他，勾起他的购买欲。

必须确保处于所有场景下的目标用户都在你的产品上得到了满足，这样才能保证产品功能的健全。

实际上，新手引导就是典型的例子。对于功能复杂的应用，新用户和老用户相比，需要做更多的引导和激励，才能把他们留下来。这也是细分用户使用场景的过程。

网络游戏在这方面做得炉火纯青。每个网游都必须判断不同用户不同阶段的需求，尽力满足他们。新手不至于很快就觉得被欺负，老玩家也不至于玩一段时间就觉得无聊了。有钱的人民币玩家在游戏里可以获得成就感，没钱的普通玩家也不会觉得游戏太糟糕玩不下去。

对于可扩展性很强的产品来说，满足多一个场景，有时会多满足一批用户，有时也会让用户在更多场景下提高体验。

比如常见的手机操作系统，就提供了许多模式。

红米的老人机模式：重制交互、字体图标变大。

锤子的单手操作模式：按键和部分交互左右切换。

华为的访客模式：通过输入不同的锁屏密码进入不同的模式。这是我见过的最好用的访客模式。

小米的护眼模式：降低亮度和屏幕蓝光源。

3. 让市场定位更明晰

这个与产品定位和用户定位是有极强关联的。

分析好用户场景，往往就能判断出哪些功能是该做的，哪些功能是不该做的。

这方面的功用不会很快显现出来，但却可以避免一些不必要的问题。

举个例子吧。

我在做嘟嘟美甲时，遇到了这样的问题：有用户和美甲师反映，目前只能选择预约，不能选择立即下订单，感觉不舒服。

单从用户需求角度出发显然是存在的，我们往前推导一下用户在什么场景下会有这样的需求。

过去很多美甲用户的确是会临时起意想要做美甲，比如在商场里看到有小店，或者跟闺蜜逛街做美甲休息，等等。

更多的场景是，有人看到我们的美甲师在给别人做美甲，了解到有优惠，于是想顺便做一次。

分别来看，前一种场景是真实用户场景，但是这样的用户实际上与我们的目标用户群体不太一致：她们经常是临时起意做美甲，而非规律性美甲（不是黏性用户）；她们在美甲中社交的需求要大于对美甲本身的需求（能跟闺蜜聊天最重要）；她们中大部分人的美甲消费预算很低，并不是能接受中高端价位美甲的用户。

后一种场景的话就更不用讨论了，纯粹是在优惠阶段有非目标用户想占便宜，便宜当场占不了，自然就会不满（真正的美甲用户则可以接受通过预约途径去尝试）。

所以，通过分析场景我们可知，这样的功能并不是当前必需的，我们也就暂时不考虑了。

很多事情场景会起到这样的作用：通过使用场景判断出在该场景下的用户是怎样的用户、有怎样的使用习惯、是怎样的使用状态。这些问题有利于分析这个功能是不是该做。

比如面向高端用户的音乐产品几乎不需要解决在地铁中的使用问题，这些用户不是在市场定位中的主要用户；比如做上门服务的餐饮产品也不必解决用户非要堂食的问题，道理都一样。

例子可能不太恰当，因为这些问题通过简单的用户分析也能得出来。不过很多时候需要结合场景去看才能更明晰。

4. 让团队对产品的理解更具体

这属于一个附加的好处，就是整个公司如果都完全清楚自己的目标用户的使用场景，那么很多事就不会出错了。

用户画像 + 用户场景 + 产品用例，基本就相当于一套完美的产品设计、研发和运营指南。

上面的很多实例也可以对应到产品之外的部门。

研发部门知道抢拍功能的场景，就会牺牲相机稳定性、对焦、调整曝光等来满足速度——有很多是产品所不了解的，也不一定能定义出来。

运营部门知道抢拍功能的场景，最大的好处是可以丰富在宣传时讲的故事，把产品原本的初衷表达出来。

你只是给别人表述功能，就好像你说他很有钱不如说他开的是奔驰更让人容易理解一样。

用户只在乎便宜吗?

我最近在做的是即时物流的产品，有一端的用户就是配送员。根据我们的用户画像，他们大都是外地到一线城市务工的年轻人，在我的理解中，他们远道而来不就是为了多赚一份钱吗？所以在产品和运营方面，认为突出关于钱的宣导、推动各种优惠和奖励的活动，就是他们的刚需。

后来发现，事实并不是这样。对他们来说，即使每天多赚几十甚至上百元钱，也无法忍受一些糟糕的体验，他们同样在乎运营规则的公平性、产品的易用性。举个例子，就算在我们平台上每个月可以多赚一千元，但由于他们并不认可的缘由被扣罚了一百元，他们同样会转头就走。

大概是从 2015 年到达鼎盛的互联网创业热潮开始，互联网的产品经理和运营专员都养成了不好的习惯，认为一切以活动为重、渠道为王，更激进一些的，会认为补贴和优惠是产品的核心竞争力，拿钱砸用户，顺便也就砸死了竞争对手。

而身边的人也会给我们一些误导。七大姑八大姨都学会了抢优惠红包、刚学会用智能手机的老领导来请教你满减券是什么、隔壁的王姐手机里装了一堆电商和团购 App 只为了比价……好像真的有钱就能烧出市场来。如果一大波钞票都烧不出来，那就用两大波。

这里面有几个陷阱：

第一，钱够多的情况下，烧出来的市场可能是假的。前有团购、后有 O2O，现在还有直播，都在验证这一点。原本没有的需求，花钱伪造出需求来，用户是为了赚钱而来，不是为了满足需求而来。当年滴滴对司机做巨额补贴，很多人请假甚至辞职出来赚快钱，补贴期一过，没几个会留下来。

第二，有便宜赚的情况下，来的用户未必都是真实用户。我们刚做嘟嘟美甲的时候，优惠力度比较大，对来的用户做分析，80% 以上是从来不做美甲的，而且据我们观察，几乎也不可能凭我们的能力就劝服她们成为美甲用户。结果就是，数据看起来很漂亮，但用户留存很差。

第三，长期的补贴取消后，反而会让用户不适。如果补贴是常规存在的，一旦取消，用户不但不会感激过去的补贴，反而会觉得是在提高收费或者降低用户收益。我们都知道心理学里有损失厌恶的说法。A 是常规会有补贴，之后取消补贴；B 是平时没有补贴，但偶尔会有补贴。前者会让用户更加反感。

第四，补贴会同时转移用户和设计者的注意力。只要是以补贴和优惠作为重心的产品，用户会特别关注这方面的变化，运营者也会不断在这个层面跟用户和市场博弈。注意力转移之后，就没有人在意用户的真正需求和在其上的功能设计了，等到补贴减退后，也很难留下对用户的认知。

其实靠疯狂的补贴优惠来沉淀用户的坏处，长时间以来已经被大家讨论了很多。只是我们印象当中的补贴优惠都是滴滴快车的大战、O2O 大战这种史诗级的恶战，却忽略了在平时产品和运营工作的过程中，对用户真正的需求的认知。

我们不能在做产品和运营策略时把钱看得很重，把用户视作唯利是图的群体。用钱来解决各种问题，永远都是最偷懒的方法。用户当然能被钱吸引来，但用户不会只在乎钱。产品逻辑的合理、产品交互的顺畅、产品界面的美观，以及运营活动的合理性、趣味性、公平性，才是真正让用户留在平台上的产品价值。

作为互联网人，不能偷这个懒。

什么是用户成本?

1. 用户成本

最近在做一个功能，几个产品经理和设计师陷入了争执：在改版时，要激进一些，一步到位，还是缓慢过渡，防止出现用户负面?

首先，单纯在“改版应该激进还是保守”这个话题上讨论并没有意义，过于抽象。

所以展开来说，支持激进一方的同学，认为过渡是浪费资源，无论多小的过渡都存在锯齿，并非平滑过渡，而且有很多模块是压根不可能平滑过渡的（比如交互整体改版，不可能只改一小块）。支持缓慢过渡的同学，认为不管锯齿是怎样的，步子也不能迈得太大了，要陆续检验用户的感受，一旦反弹还有修整的机会，否则一次失败的改版，自上而下没有人能承受第二遍。

我最初是偏向过渡派的。这也跟大公司的环境有关，产品经理在高压的结果导向工作模式中，都会潜移默化选择风险更小的方法。

不过在某一次讨论中，我突然发现我们在一个概念上存在混淆，就是用户的成本。这就引入了我之后的思考，把我之前一些零碎的想法串联起来了。

2. 使用成本

对改版的担忧主要是考虑到用户的使用成本，激进的改版必然让用户转移成本提升，许多东西需要学习。而改版的收益同样在于用户的使用成本，比如这次改版的核心在于对许多信息提示的梳理和分类，用不同的展示和操作方式，让用户更好地处理信息。

这样看就很清楚了，后者就是我们常说的使用成本，更准确地说是边际使用成本，每次用户的使用都要付出的成本（时间、注意力和操作）；前者则是特殊的使用成本，是学习掌握要花费的成本。

激进派和过渡派的争执，核心点就在于学习成本对于用户来说是否过高，是否应该将成本分摊到多个版本上。

这么来看，当然还是成本分摊比较有效。不过这种方式还是存在明显的问题。

按模块一点一点地改版，用户的整体认知会很差，可能会导致学习成本和边际使用成本双双提高。比如要把列表页都改成九宫格的样式，由于过渡可能先修改某几个页面，那用户就需要做分辨，掌握同一个产品不同的交互手势或者使用流程。

所以激进派和过渡派的争执，最终还是可以用原则上可量化的方法来对比的，那就是看过渡版本分摊导致的用户成本提升（包括学习成本和使用成本）与直接改版导致的用户成本提升（主要是学习成本）哪个更高。

这么看的话，我其实更加倾向于激进派。

目前我还没有办法说哪个方法最终行之有效，因为具体情况不仅要看很多具体的场景和条件，还要看实验的效果。

我觉得在这件事上最大的收获，是对成本有了更深入的思考。

除了刚才的两派，如果还有一派是不同意改版派，那应该就是认为学习成本非常大，以至于大于或等于未来所有边际使用成本的差值的和。

这样的话，也是可以用推理方式来分析的，哪怕量化难度很大，也要比陷入“这样用户无法接受啊，太难学习了”或者“用户迟早都要学习的，那不如早点学”

的抽象概念的争论里好得多。

如果对学习成本和使用成本列个公式的话，应该是：

用户总成本 = 学习成本 + N × (边际使用成本)，其中 N 是使用频次。

3. 用户成本思考 B 端产品

用这个公式还能解释一些常见的现象。

比如，许多产品经理会抱怨，为什么不少 B 端产品非常难用。他们提到难用的时候，说的是什么？其实是“很难学习”。

这些 B 端产品需要很多的说明，甚至需要专业的培训才能够掌握，后续还需要大量的使用经验才能够熟悉和习惯。产品的界面往往十分复杂，功能众多，交互视觉通常也不够简洁优雅，很多图标文字表意不清等。为什么这样的产品如此不重视用户体验？为什么不能用 C 端产品的思路来做呢？

核心点就在于，许多 B 端产品需要在学习成本和使用成本上做个取舍。在大多数情况下，B 端产品的学习成本远小于使用成本。

我们套一下公式，为了简化我们只看时间成本。比如某个客服系统的用户，每天操作 200 个工单，每次使用差不多 2.5 分钟的时间，学习成本可能是 15 天。那一年下来：

用户总成本 = 学习成本 + N × (边际使用成本) =15 × 8h + 200 × 2.5min × 365 ≈ 120h + 3042h =3162h。

而我们修改了这个系统，把界面简单化，整体流程步骤做了梳理，每一步都很好理解，图标和文字都排版清晰、表意清楚，学习成本说夸张一些，降低了 3/4，而使用成本仅仅提升了 1/10，我们来看公式：

用户总成本 = 学习成本 + N × (边际使用成本) =7.5 × 8h + 200 × 2.75min × 365 ≈ 60h + 3346h =3406h。

每个用户相当于每年增加了 244 个工时，多了一个半月的工作量。购买 B 端产品的老板，在学得快和用得快的产品间取舍，自然就很明显了。

当然这不是为某些基础体验都做得很差的 B 端产品开脱，只有在学习成本降低会导致边际使用成本提升的时候，这个学习起来很难的差体验才是可以权衡的。

你了解你的行业吗?

讨论需求，不能只讨论需求本身。

就好像，我们都喜欢美的东西、好看的东西，但在手机发不出短信、收不到信号的时候，我们是不会在意屏幕上那些交互效果有多漂亮的。

需求要融入环境去讨论，其中最大的环境就是行业了。在上一篇连载中我们提到，需求都有主语，主语所在的地方、我们所在的地方，都可以统称为行业。

理解行业，是理解需求的开始。

1. 你的行业是什么

你真的知道你的行业是什么吗?

你的产品是 ofo，所以你是做共享自行车的。你的产品是知乎，所以你是做社交的。你的产品是某个 P2P 平台，所以你是做金融的。

这好像都是天经地义的。

事实并非这么简单，对行业这样理解，其实跟行业外的任何人都没有区别。只要经常翻看科技新闻，懂一点常识没这么困难。

你的行业究竟是什么?

比如，作为铁路公司，你所在的行业是铁路行业吗?

再如，作为好莱坞的电影公司，跟电视娱乐行业，是不是应该算两个市场?

现代营销学的奠基人之一西奥多·莱维特（Theodore Levitt）早在几十年前就提

出了营销短视症这一概念，提到很多人对自己所从事的行业并不了解、认知太浅薄。

作为铁路公司，所在的行业就是铁路行业，这看起来没错。但这么考虑的话，市场份额可能就会被汽车、飞机抢走。只有把自己看作运输行业、交通行业的一分子，才能做出更正确的判断。

在电视产业出现之前，好莱坞的电影公司一直把电视行业视为威胁，想要扼杀电视娱乐业。结果大部分电影公司纷纷倒闭。对他们来说，如果意识到自己其实是娱乐业的一分子，可能就会更愿意迎接变化、产生更多可能。

这样的行业判断对我们有什么意义呢?

用户的需求是动态的，并不是固定不变的，而是会不断迁移的。消费市场、需求市场从来都不是红海蓝海泾渭分明。还有很多时候，用户需求甚至用户习惯都是跟随着产品在改变的。

以静态的视角去看待用户和需求，就会陷入自己挖的坑。

滴滴快车当年的补贴大战，以及现在尚未结束的外卖大战，都是在培养用户习惯。现在用滴滴的用户，当初可能是骑车出门、开车出门，他们也变成了乘客;现在外卖平台的用户，绝大多数在几年前也从来没叫过外卖。

他们在构想产品时要是只分析当时的私家车出行行业和外卖行业的状况，得到的结论自然是市场太小、行业没前途。

门户网站在当年的地位看起来坚不可摧，搜索引擎出现时，更像是另一种获取信息的方式，两者井水不犯河水。但很快我们就知道，用户只会选择更好的那种获取信息的方式，门户网站很快就被时代淘汰，它们并不是被更好更完善的信息聚类产品打败的。

2. 行业的本质

我们可以把任何产品设计中的事项分成不同的层次。

要做什么样的产品，是基于怎样的需求，需求又来源于什么样的环境下的什么样的用户，对于层层递进的逻辑关系一定要非常清晰。

行业的本质，以及所体现的我们对用户、需求、产品的理解，就是我们所有产品相关工作的指导思想。

小米的副总裁刘德说过这么一段话：“做好一家公司包括三件事，缺任何一个，你都打不赢这场仗。第一，你要看清这个时代的大逻辑是什么；第二，你要看清这个产业的本质是什么；第三，你要做一个真正有战斗力的产品。”

行业的本质可能涉及很多方面的知识，这些知识未必是需要多少聪明机智才能掌握的，但需要我们主动去了解。

要搞清楚这么几件事情：

A. 这个行业得以运转，主要的原理是什么？

作为陌陌，所在的行业是陌生人社交。对于陌生人社交，不管是对用户的分析、对场景的剖析，都离不开让这个行业运转的本质——两性关系。

正因为这个人类社会亘古存在的重要元素，陌生人社交这样的模式才可以运转。如果说未来哪天男女之间互相不存在吸引力了，那陌陌也就没有价值了。

对于团购来说，品牌大商家重要还是街边小商家重要？在传统美甲行业，美甲师大都是自由职业还是长期雇佣关系？在物流行业，所谓的库存周转率是什么意思？VRP 问题和 TSP 问题都有什么区别？

不熟悉这些，做团购、美甲和配送的下单流程时只顾着埋头考虑浅层次的用户需求，就很容易脱离行业背景，南辕北辙。

B. 对于这个行业，你的产品创造的价值是什么？

一旦了解了行业运转的原理，那就引入了下一个问题：你的产品在整个产业链中创造了什么价值？

就算行业存在、用户存在、需求存在，产品本身不提供价值，那产品也就没有意义。就好像那些昙花一现的互联网产品，表面上有用户体验、商业模式、运营手段，但都是空中楼阁，本身不存在对行业和社会的价值。

对互联网产品来说，商业模式千奇百怪，不过真正的价值体现，大都集中在互联网为事物的数据化、信息化带来的便利上。除此之外，很多所谓的“互联网+”实际上都是伪需求，在效率、体验、成本上都没有优化，就谈不上是有价值的产品。

你的产品让用户真正提高了生活工作中的效率吗（像微信和钉钉）？

你的产品降低了用户达到目标的成本吗（像滴滴快车和闲鱼）？

你的产品提升了用户满足同样需求的体验吗（像由堂食转为外卖）？

如果都没有，你的产品究竟在哪里、创造怎样的价值？

3. 如何了解行业

熟悉自己所在行业的方法、获取行业信息的途径完全是因人而异的。有的人喜欢从各种科技媒体获取，有的人喜欢跟消息灵通的小伙伴了解，还有的人喜欢根据各种官方公布的数据自己钻研。没有好坏之别。

这里提供一些个人经验。

A. 有选择性地阅读

现在的内容生产商如雨后春笋般冒出，每天都有看不完的碎片化信息。对此，我建议不只要整理知识和信息，还要学会整理知识源和信息源。

尽量不要使用像门户新闻那样的媒体平台，因为它们的信息追求的是普适性，对我们个人而言基本没有价值。

可以多去选择能够订阅的、个性化的信息收集平台，并且按照个人需求对主题进行梳理，确保自己每天获取的新闻、观点和消息，都是有价值的。

B. 确保自己日常在行业的语境里

要确保自己平时能够有机会跟他人交流行业知识，平时所讲所说不会脱离行业语境。举个很简单的例子，作为手机设计师，如果没有一个同事愿意跟你聊苹果发布会，你就要警惕起来。

如果当前的条件有限的话，也可以想方设法跟一些同行业的朋友交流，比如参加线下活动、加入某些行业群。未必有明确的目的，更重要的是检验一点，即你是不是脱离了行业圈子，看大家聊的话题和内容，你是不是都听得懂。

第三章　设计与分析

这部分会讲一些如何理解产品实现，内容相对简单。后半部分会附一些对行业现象的理解分析，它们也是作为产品经理必须掌握的能力。竞品分析和原型图只是粗浅的表面认知，对行业的分析、产品的拆解能力，才会影响我们做出功能的质量。

如何分析产品?

分析对象不同，思考的内容不同。

1. 项目初期，对可行性的分析

可行性 = 市场环境 + 用户需求 + 产品逻辑 + 自身能力

1.1 市场环境

①背景和趋势

这个方向是不是很火（O2O）?

会不会是未来互联网的趋势（VR）?

②竞品情况

有多少团队在做?

BAT 是不是在涉足，或者计划涉足?

他们目前的市场份额如何?

③当下市场规模

所在的垂直市场有多大?

所在的大类市场有多大?

市场的空间有多大?

是蓝海还是红海?

1.2 用户需求

①需求定义

到底要解决什么问题（没问题存在的需求都是伪需求）？

这个问题是不是特别严重？有没有详细的场景描述（××× 时，特别讨厌做 ×××，要是 ××× 就好了）？

有多少用户会遇到这些问题（比如是你和你老婆会遇到，还是你确定所有人都会遇到）？

② 需求刚弱

是不是很贴切的需求（比如上门洗车并不是刚需）？

能不能解决实际问题（比如不解决真实性的问题，只是把租房信息放在平台上有意义吗）？

目前用户的需求是不是已经充分满足（比如我为什么要特地下个舞蹈教学 App 而不是在优酷看）？

③需求真伪

是不是大家都认可这个问题需要解决（比如“我胖但我不想减肥”）？

大家说的需求是不是大家真正的需求（什么是“伪需求”？能否举例说明？——苏杰的回答）。

1.3 产品逻辑

① 功能逻辑

功能能不能真正满足需求（比如我要的是方便快捷，但上门理发反而更折腾）？

有没有不合理的漏洞（比如我们希望记录用户的信用，但用户交易却不会通过我们进行）？

要怎样实现目标功能（配合具体的运营、技术、产品要怎么做）？

②商业逻辑

离交易是不是足够近（不要做到最后发现成了公益平台）？

用户价值在你的产品上会不会得到体现（比如付费时的交易、创作时的内容、社交时的关系链）？

1.4 自身能力

① 团队情况

运营、技术和产品三大团队的能力能否实现目标的功能（类似人工智能、团购大战不是小团队可以碰的）？

创始团队是否有能力胜任其职责（创始团队无法控制住更多厉害的人的加入）？

② 资金情况

按照预想的盈利方式、收支计划，钱够不够花？

在下一次融资前，公司的发展能否达到可以谈融资的地步？

虽然很多都是创始人该想的，但落实到产品上，就是产品经理应该弄明白的。

2. 产品设计时，对功能交互的用户体验的分析

用户体验 = 有用性 + 易用性 + 友好性

2.1 有用性

① 需求类别

需求是基本型、期望型还是兴奋型（作为产品经理，如何给用户需求排序）？

需求所要求的功能是目前重要的还是紧急的还是其他（比如聊天记录都会丢失时要不要美化图标）？

② 可操作性

功能使用是不是能够达到效果（比如老人机模式字体是否够大）？

有没有考虑到用户的使用场景（比如在移动数据下是否提供纯文字省流量的模式）？

在使用时会不会经常打断用户（页面跳转是否太多、需要完成的步骤是否太多）？

③ 容错可靠

所有错误情况是不是都考虑到了（比如“啊，这个空白页面是什么意思？居然没有解释”）？

在极端状况下是不是可靠（比如便签字数太多是否根本不能用了）？

2.2 易用性

①学习成本

用户的学习成本是不是足够低（比如要先给用户看一百字的新手教程吗）？

逻辑的一致性是不是够好（比如按钮长得是否一样、信息格式是否一样）？

用户再次使用时需不需要重复学习（是否用过一次就完全能够掌握并记忆）？

②信息传递

文案是不是通俗易懂（比如“现在无法停止通用卷设备”）？

用户需要的信息是不是都能找到（比如我是滴滴的司机，却找不到奖惩规则）？

提醒和警告是不是完整（告诉用户发生了什么、因为什么、能做什么）？

③高效完成

现在的方式已经是最好的了吗？有没有更好的方式（比如 Windows 下操作弹出 USB 设备是否可以再简化）？

有没有在处理特殊情况时的高效方法（比如能不能有多选和批次处理的功能）？

2.3 友好性

①视觉效果

是不是美观？

会不会造成不适感？

②简洁清晰

界面元素还能再减少吗？

视觉焦点是在重要信息和功能上吗？

3. 在项目管理和个人管理上，要做问题分析

3.1 定义问题（What、Who、Why）

要解决什么问题（严重 Bug，功能缺失，项目延期还是文档有误）？

“项目”责任人是谁（是产品经理没有发现、测试没有意识到还是开发团队有疏漏）？

具体起因是什么（比如技术团队并不了解业务背景所以做错）？

3.2 解决问题

有哪几种解决方案（不是先处理人，而是先解决问题、罗列方案）？

每种方案的利弊是什么（比如有的会影响产品进度但节省成本、有的会耗费公司财力但速度快等）？

项目利益相关者认同哪个方案（比如关乎运营的方案不能绕过他们、改动设计的地方也不能不通知设计师）？

从长远来看，哪个方案获益最大、损失最小（比如临时的解决方案虽然快，但可能会埋下隐患）？

3.3 复盘问题

造成问题的深度原因是什么（比如技术人员的水平有限、工作流程设计有误）？

问题是如何暴露的，之前为什么没有暴露（谁发现的问题、在其他时间为什么没发现）？

从根本上解决问题的方法有什么（比如招募专家、改进工作流程）？

检查异常的机制是不是需要改进（比如在哪个环节加入总监的评审）？

3.4 提高效率 / 节省成本

工作中比较复杂的、步骤烦琐的事务能不能简单处理（比如需要大量对账结算的方案可以简化逻辑，实际不影响效果）？

简单处理的事务能不能形成标准化的流程机制（比如对账结算在固定周期、用固定方法完成）？

标准化的流程机制能否实现自动化（比如对账结算用程序实现自动化）？

我数了数，大概有 60 个问题。如果产品经理在做各种分析的时候把这些问题全都搞明白，应该差不多了。

如何理解张小龙说的“好的产品是用完即走”？

张小龙在 2016 年微信公开课上讲了这么一段话：“我想跟大家分享微信的一个基本价值观，我们认为一个好的产品是可以用完即走的，就是用完了我就走了，可能大家不是第一次听到这个词。一个好的产品不是黏住用户，而是尽量让这个用户离开，大家同意吗？说同意的都是没有认真思考的，因为我相信每个人做的工作都是围绕一点，怎样黏住用户，怎样让用户尽可能待在我的产品里头，不要离开。”

我有以下几点看法：

1. 张小龙说的并不是用完即走就不要黏性了

在他的讲话里，还提到了这样几个案例：

汽车的用途是出行、到达目的地，而不是吹空调。

朋友圈的用途是查看朋友动态、跟朋友互动，而不是看鸡汤、接收营销信息。

微信不鼓励加太多好友，防止用户获取并处理太多信息。

公众号下发消息有限制，防止用户接收并处理太多信息。

对朋友圈的诱导分享有限制，因为在自己获得好处的时候会给别人造成困扰。

这里面没有一条跟不要黏性、不需要抓住用户、不绑定用户有关。

实际上，你发现微信在有节制的功能设计之后，黏性是提高了。因为产品价值更高了。

2. 张小龙的意思是有节制

刚刚举的几个例子，都是我们可以放开限制、快速扩张、增加更多功能但我们很节制的例子。

微信本可以直接一键导入大量联系人，快速积累海量的注册用户（眼前的好处），但也许会让用户通信录太冗杂，信息处理有困扰，朋友圈体验也糟糕（长久的坏处）。

公众号本可以放开限制，在朋友圈产生更多的文章、消息（眼前的好处），但会导致用户接收的消息太多，同样无法处理（长久的坏处）。

如果不管控朋友圈的诱导分享，那朋友圈的活跃度绝对能翻十番（眼前的好处），但会跟传销一样，逐步伤害到用户的体验（长久的坏处）。

所以张小龙的本意是：大家做产品，或者说微信做产品的思路，应当是要有节制，不要只关心当下的好处，而看不到未来的坏处。这些长久的坏处，就是硬塞给用户的让用户不会用完即走的产品功能所带来的。

3. 解决需求和制造黏性的区别

从根本上说，就是张小龙提到的，好的产品不是要黏住用户。当然他后面半句很容易让人误解：尽量让用户离开你的产品。

其实并不是让用户不用你的产品，用完即走有很多种——

用了一会儿不舒服，走了；

用了一会儿没感觉，走了；

用了一会儿把问题解决了，走了。

张小龙提到的只是最后一种情况。

解决用户的刚需，让用户能解决问题是产品根本的价值。强行拴住用户，这样的黏性意义不大。

比如，O2O 大战里，上门按摩并不是让你舒服就完了，还要强行告诉你，分享给别人会有奖励，跟你说做什么样的事情能够有优惠，甚至推荐买什么保健品。

好的上门按摩是什么？就是我约了一次服务，你按时准点到了、很好地给我做了、我舒服了，这次产品使用就结束了。

这就好像在理发店里，好的产品是，我来理完发，我舒服了，我满意了，我就走了。而不是我理发的时候听你给我推销会员卡。

用户在使用产品的时候，希望听到的是让我来帮助你解决问题，而不是，“看看我们这儿啥都有，你试试这个呗，你试试那个呗，我们特别便宜……哎，你别走啊！帅哥！你不要残忍拒绝！去打个五星吧！”

4. 学会思考

我觉得张小龙的这段话值得每个产品经理思考。我做的产品到底能不能解决用户的问题？我做的功能到底有没有实际价值？我所使用的不断黏住用户的方式是不是合理？

微信是被大家说烂了的产品，同样也是我最尊重的产品。它节制，一切围绕用户设计；它重视正面的价值（熟人社交、原创、分享生活），限制负面的价值（软文营销、信息冗杂）。

微信重视原创、打击抄袭，能做到举报后半天内快速回复并处理。我和很多朋友在其他平台的文章被抄袭了，根本没有途径举报，或者条件严苛根本无法操作。

从这个角度来说，微信也算是用完即走的表率吧。

5. 补充

我不太同意大家说的“这是微信成功了再说的”“这个不适合微信之外的团队”“这只是漂亮话而已，大家看不到小公司的艰辛”。

不是所有事情做到最后都得做成鸡汤，成功者都变成高大上的正义使者，而是任何产品都要懂得节制，懂得什么是产品的根本价值，懂得眼下的 KPI 不是理由，野蛮生长也得讲规矩。

更不是说，做产品时就不考虑快速商业变现、只硬凭着一股子为社会做贡献的冲劲儿去做。搞清楚商业逻辑是大部分产品经理最重要的技能，正因为要让产品更有价值、更能赚钱，才要懂得什么是杀敌一千自损八百、什么是揠苗助长、什么是饮鸩止渴。

如果大家过年回家看到的都是因为百度欺负家中老人不懂给电脑装满了全家桶，如果大家听说的都是有人被百度广告骗了、被携程的假机票坑了，如果每个人都评价 O2O 是个噱头其实约上门服务都只是为了赚那点便宜，即使这样的产品业绩再好、这样的公司财务报表再漂亮，大家也都能看出它们的颓势。

看到别人做得不如自己，就高高在上指点江山，看到别人做得比自己好，又找各种借口跟别人解释说这些道理不适用，大家慎重。不懂这样的产品经理在想什么。

为什么说免费的其实是最贵的？

最近在读凯文·凯利的《必然》，这本书比《失控》更加落地，而且，不得不说，他对互联网业态的转变的观察非常深刻。他提出了很多新兴互联网的特征，其中第三章讲的是 Flowing（流动）。他认为因为信息的流动性加强，所以可复制性也随之而来，免费不可避免。比如电影、音乐、图书放在网上，总会被盗版，只要信息在网上传播，早晚会被复制。

但是，有 8 种比免费更好的特征会是未来能够产生商业价值的点，是不会因为可复制性就减弱的，反而会因为可复制性而加强。

读完 8 种特征，我感觉醍醐灌顶。在国内甚至可以找到对应的产品或者服务。下面我就用自己的语言跟大家分享下。

1. Immediacy

按我的理解，就是比别人早得到的权利、时效性。

虽然能免费看，但是我想早看到。

有的产品或者服务，早得到意味着能够早享受，有时候可以比别人先行一步，有时候是粉丝等不起，有时候甚至是高贵的象征。

特别贴切的例子就是，爱奇艺买下《盗墓笔记》的网络剧版权后在自己的平台独家播放，是永久免费的，但是，非会员只能以一周一更的节奏观看，付费会员则可以立刻看到全集。

就是这么一个小策略，开启 VIP 看全集功能后 5 分钟内，播放请求达到 1.6 亿，开通会员请求破百万。如果每个会员按年费 100 元算，这就是 1 亿元的流水，即便是按月费 10 元算，也是千万级的流水。

虽然很多人不懂，为什么这么多人等不及，但这事儿就这么发生了。

再比如说，几年前大家看电影，都习惯等盗版出来下载高清。但现在呢？身边的人都在讨论正在热映的电影时，你能忍住不去电影院感受下吗？

2. Personalization

差异化服务。

虽然能免费关注信息和接受服务，但我想要针对我的、更个性化的。

到处可见的推荐系统是最基本的一种形式。大家会发现，很多 App 中你看到的页面、得到的东西跟别人都不一样。它们越来越懂你。

个性化的定制服务已经出现。最典型的例子就是大家关注的很多提供免费咨询又有收费服务的行业专家。

比如你关注了某个产品经理专家，每天看他的文章、读他的专栏，都是免费的，但这些都是很普适的内容。他在你心中是一个品牌式的存在了。当你有很特殊的、很差异化的问题，比如在产品经理这条职场路上的规划时，就很想向他咨询，即使是付费也无所谓。

这也是在行出现的背景。大家对免费信息的接受习以为常，也慢慢开始有了付费咨询获得个性化服务的习惯。

3. Interpretation

就是售后服务、技术支持，或者说增值服务。

虽然能免费使用和体验，但我想要更好、更多的服务。

凯文·凯利在书中提到的是美国比较常见的医药和基因测序的服务，大意是购买的花费正在变得很小，而后续的支持和维护将会是主要的付费环节。

旅游也是比较典型的一种。原本的交通费用、景点费用可能很便宜，但途中如果希望得到导游解说、希望得到更多服务，就要花费更多。

严格来说，这样的服务在中国很少。不过延展一下增值服务的概念，QQ 承载的各种 VIP 服务、游戏承载的各种购买道具的服务，其实也都属于免费 + 增值的模式。

4. Authenticity

品质保障、体验保障。

虽然能免费获得糟糕的体验，但我愿意付费获得更优质的体验。

过去大家习惯用免费软件，即使有感染病毒的风险、有找到真正靠谱版本的时间精力成本，也无所谓。

但现在不同了，大家愿意在某些虚拟物品上付费获得 VIP 的身份，使软件的质量得到保障。即使能通过“越狱”后各种折腾，让手机用上盗版的 App，但很多人也更愿意花些钱在 App Store 买正版了。

再说电影。盗版电影的画面质量低劣，有各种广告字幕，也有内容的缺失，而正版的电影则不会存在这样的问题。所以谁都愿意花少量的钱购买视频网站的会员，看电影仍然是免费的，买的是品质保障。

5. Accessibility

这个翻译成获取权，不够贴切。其实 KK 想表达的意思是更容易获取和使用。

虽然可以免费自己整理和存储它们，但我更希望随时随地方便地获取它们。

许多云端的服务和各种订阅的服务，都是针对这一点的。我不需要携带很多东西，不需要处理很多信息，而是在购买完你的服务后，就可以随时查阅和下载。

音乐类产品是最典型的例子。在虾米音乐买了会员，除了保证刚才提到的品质，更重要的是不需要下载存储了，不需要放到 iPod 和硬盘里面整理，而是随时都能用 App 在线听。

电子书也是一样。纸质书买完，跟卖家的交易环节就结束了。而电子书买完，卖家（Kindle、多看）还会帮你存储副本，供你随时下载、随时查看。

6. Embodiment

就是实体化，或者说免费内容的周边。

虽然可以免费享受他们的服务，但我想看到和感受真实的他们。

我们可以把实体化理解成免费服务延伸出来的各种周边经济。比如电竞游戏是免费的，但看现场的 Dota 比赛可能需要买门票；在网上看 SNH48 的表演是免费的，但参加她们的演唱会需要付费。

在国内，最典型的例子莫过于罗辑思维和吴晓波的团队。他们的公众号、网上的视频节目都是免费的，但他们线下的演讲却特别昂贵。

7. Patronage

也就是打赏、赞助。

“我虽然可以免费成为他们的粉丝，但我喜欢付费表达我的赞赏和喜爱。”

如果说实体化是粉丝经济的一个侧面，那打赏和赞助就是真正从粉丝的喜爱中创收了。除了刚刚提到的罗辑思维和吴晓波，普通的网红也可以利用新浪微博或者微信公众号的打赏功能来盈利。

另外，风靡全国的各种视频直播平台的主播，从来没有哪个是收费才能观看的，而是在免费观看中，依赖粉丝的打赏盈利。

8. Discoverability

就是可发现性，或者说引导、推荐、发现。

虽然可以免费自己筛选信息，但我希望能够付费让别人帮我筛选和推荐。

这是嫁接在免费服务之上的。新闻是免费的、视频是免费的、音乐是免费的，各种信息都是免费的，但是在海量的信息里面，发掘出真正对“我”有价值的信息，本身就是很有价值的事。

今日头条的蹿红，知乎日报、豆瓣一刻、MONO、即刻、豌豆荚一览以及最美应用这样的 App，就是戳中了这个痛点。同样戳中这个痛点的还有无数如雨后春笋般出现的导购应用，比如礼物说。

这是一个很大的趋势。几年前大家的理解还是信息越多越好，还是大而全的门户网站最有价值；现在大家的理解是谁能帮我选出最优质的内容和最关心的信息，谁才是最有价值的。

用完即走，没事常来

2018年年底，微信更新了一个大版本7.0。朋友圈里的产品经理跟过年了一样，热闹程度不比锤子发布会后的差。头条的同学纷纷表示，周五晚上发布新版本，真是太没有人性了。

这次的更新有许多让人耳目一新的改造，所有人都能快速感知到的就是UI整体由黑向白的大调整，以及icon整体颜色调淡。UI的改造还是让不少人满意的，感觉是更年轻化的界面，也更加扁平和舒适。

除此之外，还有可以针对某个好友设置“强提醒”、对方三小时内的提醒会全屏显示的专用功能，以及查看共同群聊的功能这样的简单优化。

当然，更大的变化在于另外两个重点：新增的上传“时刻视频”以及冒泡留言的功能。

公众号文章点赞变成“好看”，且会优先排在“看一看”的顶端。

总结来说，这是继上线“看一看”功能和给微视的粗暴导流之后，又一次让头条系紧张的改版。

时刻视频看起来依然是极高的节制姿态——时刻视频只有24小时的时效、无法分享、入口略深。另外，它会出现在我的页面（会有红点提醒）、所有群聊私聊的头像上、群聊的标题栏、通信录星标好友里……这么多处的入口又看得到在节制之中透露出的那股野心。

初步感受下来，感觉时刻视频只是朋友圈封面或者个人主页封面变成动态的而已。大部分好友都还没有想到该发送什么视频，要么就是随手瞎拍的（一般人过去录制的视频很少竖屏），要么就是抖音下载一段视频传过来（抖音的下载次数应该有极速飙升）。

不过由于有多处入口，这个看似不起眼的封面会变得更加吸引好友的注意力。不少人已经没有了平时刷朋友圈的习惯，但私聊和群聊总不会少，频繁交流的好友头像上有个明显的标注，总是忍不住去关心一下、好奇一下——于是就让封面视频比朋友圈视频有更高的触达率，结果就是，时刻视频逐步取代了朋友圈描述生活信息的功效，无论是上传率还是打开率都很高，挽救“在朋友圈里看不到朋友”的窘境。

有友商的老板建议：“即可视频”应该是腾讯推出的第 14 款短视频了。我一直不明白，腾讯为何不集中资源做好 1~2 款，如此分散兵力如何形成合力？

在他的理解里，微信还是想跟短视频产品竞争。其实我觉得确实肤浅了，微信依然要维护熟人社交的有效性、确保能够持续沉淀熟人关系，而这些视频是不是好玩？是不是真的能消耗时间？是不是有好看的增长曲线？ DAU 和转化率是不是噌噌地蹿？这个并不重要。

重要的是，只要熟人在微信上，微信的价值就能一直维持下去。

况且，倘若腾讯真的是集中资源做 1~2 款短视频，这是要把各个团队的产品经理凑一起开会讨论方案？那这个方案改到 2058 年都很难有结论。

因此我觉得今日头条倒未必需要担心时刻视频抢占自己的市场，反而要担心“看一看”的改版。

有人说，腾讯和今日头条的产品对抗，就是两种思维的决斗，这一点终于要在微信“看一看”和今日头条之间正式印证了。腾讯的“看一看”几乎纯粹凭借好友的推荐来做推荐，而今日头条完全根据历史的行为来做推荐；一个是用身边的人描述自己，另一个是用过去的自己预测未来的自己，哪个能更准确？听起来简直是个哲学命题。

坦白说，从逻辑上拆解，我是倾向于前者的有效性的。我的好友众多，性别、年龄、背景、文化、喜好都有差异，但他们能跟我建立联系，说明我们有共同点，可能是有共同的家乡、共同的文化程度、共同的兴趣等。他们反馈给我的是与我关联的这个世界的多样性，而不是单一的我自己的喜好和特征。

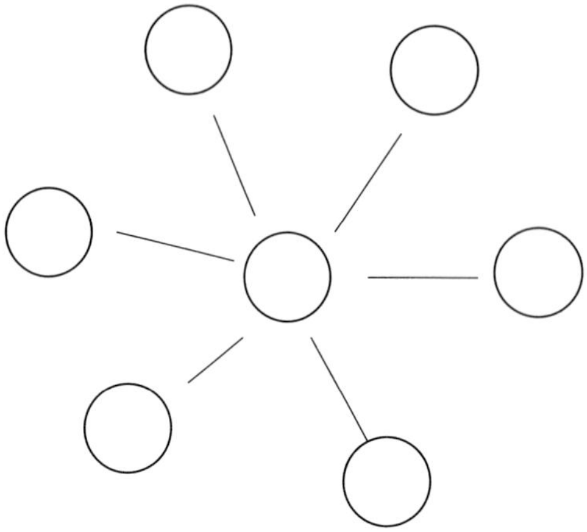

通过好友接触世界

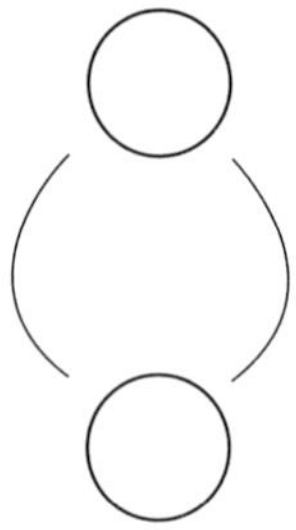

通过过去的自己接触世界

举个例子，我的好友是 PS4 玩家，他机缘巧合接触到了 Swtich，发现也很喜欢，于是就会把类似的文章推荐给我；但在机器学习的世界里，机器只会知道我喜欢 PS4，通常就只会疯狂地推送 PS4 给我，因为一篇关于 PS4 游戏的文章吸引我的可能性比一篇 Switch 的吸引我的可能性大得多。

机器是处理不了“意外”的，于是也就没有办法做自然选择和进化，我们阅读资讯就只能是原地踏步。而好友是我们在这个世界各个维度的复制，他们可以呈现给我们“意外”。

总体来说，时刻视频不会抢占抖音、西瓜视频的多少市场，只会把放弃朋友圈的用户往回拉一拉。而改版后的“看一看”，至少在机制上正是我和身边不少朋友想要的信息筛选方式，会真正对今日头条造成一些威胁。

最后多说一句。微信在今日头条不小的压力下，终于在“用完即走”的工具定位上，陆续延伸出更大的边界，开始攀登起头条系“没事常来”的另一座山了。

微信搜索的未来

1. 移动互联网来临之前，搜索是入口

想想过去我们的互联网生活，基本就是遇到任何想获取的信息，就直接扔到百度或者谷歌里。我们想听歌，直接在搜索框搜歌名，想看电影，直接输电影名，想了解某个人、某件事，想玩什么游戏，这些信息和以数据为载体的产品，都可以在搜索结果里获得。

所谓的信息分发，在谷歌撤出的百度时代，基本上是一统江山。互联网营销岗可以说能直接翻译成做 SEO 的。

网站	今日	周平均	季度平均	季度变化
Yahoo.com	1	1	1	0
msn.com	2	2	2	0
Sina.com.cn	3	3	4	上涨 1 位
Baidu.com	4	5	9	上涨 7 位
Google.com	5	4	3	
163.com	6	6	5	上涨 6 位
3721.com	7	8	7	上涨 5 位

网站	今日	周平均	季度平均	季度变化
Sohu. com	8	7	6	上涨 6 位
Daum. com	9	10	8	下降 5 位

可以看到，2004 年，百度终于蹿升到全球第 4 位。从此之后，排名再也没有变化过。

再看现在的排名，除了百度几乎已经完全变了天。百度的份额和市值也都在逐渐下滑，每隔一段时间就会出来“百度已经被踢出 BAT 行列”的说法。

百度在信息分发上的话语权，随着医疗为主的广告业务饱受质疑，以及移动访问和移动端 App 的巨大冲击，已经大不如从前。举个简单的例子，媒体人无人不知的百度新闻源在前一阵子就被取消了。

2. 后搜索引擎的时代，新巨头诞生

现在大家不都用百度了，那用什么获取互联网内容呢?

应用分发是继百度之后最重要的内容分发形式，各种安卓下的应用商店和 App Store 牢牢把控了过去移动端没有巨头出现前的内容命脉。这也就出现了全新的营销岗位——AEO。

巨头品牌没有出现之前，大家找应用、找内容，仍然指望分发平台和商店。不过很快，事情就发生了变化。

大家开始发现，虽然每个用户原则上可以把每件垂直服务对应的 App 装在手机里，但几乎没有用户有心力这么做——同样的场景下，只需要一个 App 就够了。

社交：基本就锁定了微信和陌陌。钱包：支付宝。生活服务：美团、饿了么和 58 同城。资讯服务：今日头条和其他新闻客户端。电商：淘宝和京东。

你说做一个专送黄焖鸡米饭的 App，有用户愿意装吗? 没有，因为已经有了饿了么和美团。

内容资源的迅速集中，也让这些不同类的巨头市场出现了马太效应，强者越强。在大家还没回过神来的时候，e代驾已经被滴滴代驾蚕食了大半份额。滴滴需要代驾的积累吗？不需要，只需要每个用户装了滴滴就好了。

业务数量爆炸性增长

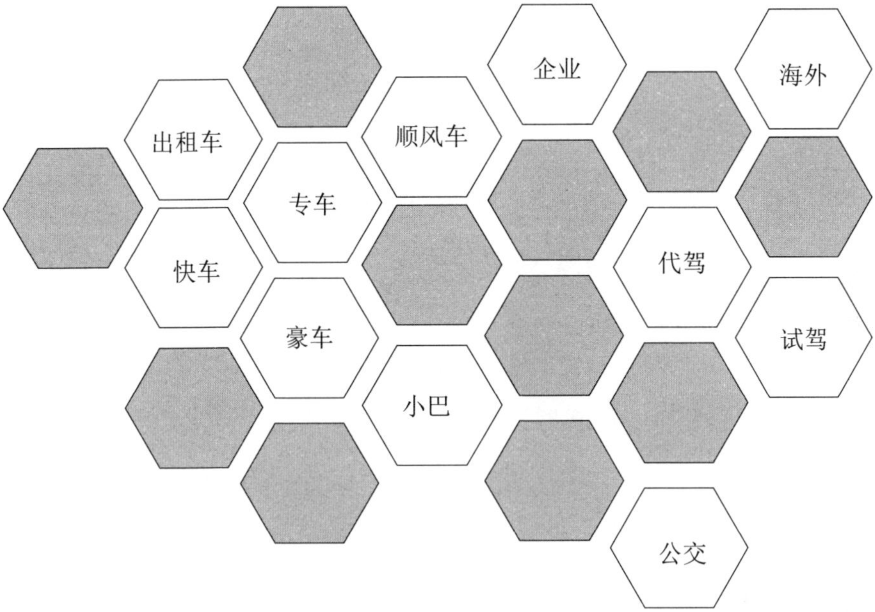

如此，用户的场景就落实在了巨头的App里，他们在移动时代代替了百度，成为统一的流量入口。摩拜和ofo想要打架，都得先认神仙“干爹”——流量都攥在他们手里呢。

说这些跟微信有什么关系？当然有关系。微信是目前唯一可能真正一统江湖的。

3. 微信是拥有最多可能性的内容平台

首先，微信拥有的是支付宝一直觊觎的用户关系和用户场景，其实是一回事，前者就代表着社交场景。微信上的各种场景，比其他任何应用里的都繁多。即使不提具体的实际场景比如买票什么的，不考虑社交场景，光看每个人在微信上花的时间，就是最大的场景了。

试想一下，你在便利店买东西，手机前台开着微信的可能性是 80%，那么你顺手打开微信的扫码付款的可能性有多大？

你跟同事借了 100 元现金，你要把钱还给他，他的微信现在就在你微信的最近会话里，你微信转账给他和去支付宝甚至用银行转账的概率又分别有多大？

其次，微信依靠这几年的努力，已经把公众号做成了巨大的内容平台。

这是今日头条和各种媒体平台所觊觎的。对于现在的用户，用朋友圈、订阅号、群组和私聊，传播文章的通路无比顺畅。更关键的是，今日头条想要开拓内容阅读的新用户，就要付出成本，但对微信来说，边际成本就低得多了——只要你装了微信，就没问题。

最后，微信在腾讯系产品的配合下，已经承载了一定的生活服务平台能力。这个就不展开说了，在微信里购物、买票、交话费等，全部都可以顺畅完成。

小程序其实就是整合所有内容的一个体现。让微信与现实生活产生充分的联系，那么微信未来就一定是现实生活和互联网的连接节点，也就是最核心的入口了。

不过可惜小程序并没有想象中那么火爆。

依我的浅见，小程序核心的问题在于“触达路径”。我们想做一件事，这个产品能不能送到眼前，是很核心的环节。我想订外卖，步骤是，打开手机屏幕，然后点击美团，就可以了。要是用小程序呢？我得打开手机屏幕—打开发现—打开小程序—点击美团。多了两步，我就肯定不会用了。

其他的小程序应用也是如此，有些好玩的东西大家传来传去，等真正想用的时候，没人能想起来要用小程序了。“用完即走”倒是实现了，“看到就用”这步却没有实现。

下面，终于说到搜索了。我觉得搜索是真正抓住了命脉的一步。有了搜索，无论搜出来的是小程序、H5、服务号还是公众号文章，只要能用，用户就一定会用。

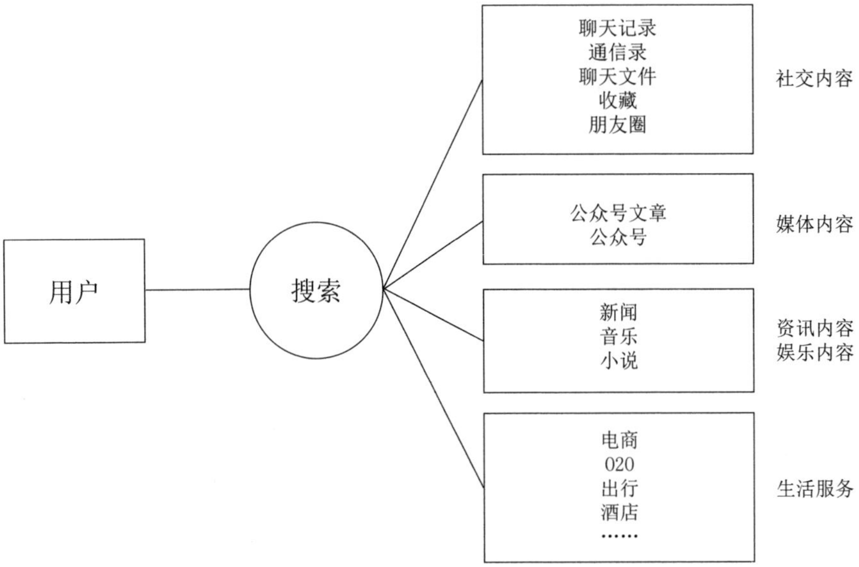

微信搜索能搜什么呢？当年的百度能搜的，微信都能搜，甚至能更准确、更有效地提供答案。

微信搜索至少在以下几个层面比当年的百度要有效：

地理位置信息——可以给出附近的内容。

社交关系信息——可以给出朋友发布的、赞同的、转发的内容；可以给出朋友使用过的产品或者服务。

用户画像信息——根据用户的使用习惯、社交关系以及留下的各种喜好的痕迹，可以对用户有一个画像，根据画像推送最合适的信息。

腾讯系有海量的产品和服务。过去的搜索结果和结果里的产品、服务，几乎都是第三方的，但对微信来说，大部分都是腾讯战略之下的，对他们的把控、与他们的对接，都会变得非常容易。

这四者是在百度时代，绝无可能做到的。

比如，我们可以直接搜黄焖鸡，附近可订外卖的黄焖鸡就出现了。

比如，我们听到范雨素这个名字，在百度搜，可能要读很多篇文章和报道，才能明白是怎么回事。但在微信里搜，可能出现引起争议的源头，即她的那篇文章；还会有朋友圈里大家对她的评价；有你关注的公众号对她的评论…… 你可以从“身边”获得很多更有效的信息。

比如，我们最近想装修了，想下载几个App，想看几个公众号，想看一些文章，想认识一些有装修经验的朋友……这些微信搜索都可以帮我们一条龙做到，而且能比百度做得好很多。

这一步做得好了，可能会让微信的地位有一个飞跃，真正从多寡头时代迈向单寡头时代，也让微信真正把控移动时代几乎所有内容的分发。

知乎目睹之怪现状

作为第 5475 号用户，我还依稀记得 2011 年刚到知乎时，完全是另一番光景。时过境迁，2015 年，我开始在知乎上写东西，感觉已经是“世道变了”。又过了一年，眼睁睁看着知乎成为国内最活跃的社区，看到关于软文营销的几场大案，也看到了跟在行的变现之争。

如今的知乎，让人遗憾，好像要重现前辈豆瓣的命运：明明很火，但谁都能看出颓势；明明很多人在，却掌握不了用户。

身边的一些朋友，不管是小透明还是有些粉的关键意见领秀（Key Opinion Leader，KOL），都纷纷离开知乎。最吊诡的一件事是，正义感很强、希望知乎是纯净的知识社区的朋友，和把知乎当作个人或者团队营销的大本营、希望知乎能成为自己渠道的朋友，都不约而同地嫌弃现在的知乎。这很值得深思。

深思之前，我还是截取自己对知乎怪现状的几处观察，跟大家分享一下。

1. 抖机灵大全

可能你也在朋友圈见过一篇广为人知的文章——《知乎上 100 句简短却深刻的问答，看完顿时透彻！》。说是简短却深刻，其实就是抖机灵大全。这种文章是近几年吸引用户来到知乎的重要渠道，大家都想探访这个神秘的提供各种抖机灵回答的地方。

从 2013 年注册放开后，知乎的用户质量就一泻千里。点赞行为的意义由原来的“我赞同你”或者“你的答案对我有帮助”变成了“厉害”或者“哈哈哈”。有很多知乎的答案或者专栏文章已经分析过高赞答案的组成了，无非图多公式多参考文献多，或者故事多鸡汤多感情经历多。

点赞风向变了，想多拿赞的答主更愿意找性价比更好的方式写答案。知乎官方的标语“与世界分享你的知识、经验和见解”很快就成了摆设，没人会有情怀到完全听命于你的指导思想。既然写干货没人看，那就掺点水；既然讲道理没人看，那就讲故事。

我说过一句话，编辑推荐的知乎和我们看到的热门的知乎，完全是两个知乎。

不可否认的一点是，鸡汤文和故事能够让知乎更有知名度，也刺激了知乎上的用户活跃度，它们既然在了，那就在吧。问题是，这些内容和严肃问答的内容是掺在一起的，它们会共享同一个问题，会共享同用户点赞的渠道，而前者赞同数往往远大于后者。这样的结果就是，写严肃回答的答主经常会受到打击——我辛辛苦苦写好几天没什么人赞同，你几个字抖机灵就火了？

知乎让人不舒服的地方在于，它既企图保留这些有趣的内容，又想标榜自己依然是纯粹的知识分享平台，最终却里外不是人。

在过去的 BBS 时代，要解决这种问题易如反掌。喜欢抖机灵？去灌水区。想讲故事？去情感区。现在知乎没有分区，什么都堆在一起，真真假假、好好坏坏，全凭一个已经没有说服力的“点赞”行为来决定。没怎么看过心理学书的人都知道人有从众心理，看到赞多，就忍不住也给点一个，结果就成了马太效应，越是讨好用户的回答越容易火，于是段子驱逐干货、机灵驱逐严肃就不奇怪了。

退一步说，不设分区，那能不能开辟“点赞”之外的对答案的认可类型呢？比如提供“这是干货”“看哭了”和“笑死我了”三种回馈，让严肃回答、鸡汤和玩笑大路朝天各走半边。这岂不是比跟每个看抖机灵答案笑得前仰后合的用户说“你再开心也不要点赞哦，赞要留给干货哦，维护社区纯净人人有责哦”容易得多？

你可以说真正来分享知识的答主都不在乎赞同数，但如果他发现自己这个答案上面是机灵，下面是故事，评论里还都是些路过的山炮，他对这个社区会有好感吗？

2. 收藏夹居然最好用

俞军老师前几天在“分答”中回答了一个关于知乎的问题，他提到，现在知乎对内容的发掘远远不够，他打开首页，几乎找不到自己想看的内容。

通过关注别人得到 Timeline 来找自己感兴趣的内容，明明就是社交属性的产品该做的。我们看知乎显然更希望通过主题来关注内容。

记得之前周源还是黄继新说过类似这样的一句话：知乎的内容不会成为一潭死水，变成小圈子的交流。关注者多的用户可能对很多话题都感兴趣，他们在不同圈子里点赞就能让整个社区连接起来。

当时看到就觉得有点奇怪。这个粉丝多的用户、大 V，他关注了 10 个话题，我可能只关心其中 2 个啊。给我推其他 8 个话题不就是 Timeline 的污染了吗？况且在知乎上点赞就是转发，像刚才说的，出于很多原因我们都可能点赞（认可、觉得好玩、有感触、表达感谢等），点赞成本低，就更导致了粉丝们的 Timeline 什么都会有。

单纯按照热门排序，找到感兴趣的内容更难。更不用提编辑推荐了。

所幸在知乎上，还有一个收藏夹功能，这种众包形式来完成信息依主题整合的方式，效果比上述的三种方法好得多。

可知乎偏偏把收藏功能做得很难用，后来终于出了类似功能的读读日报，强大了不少，但是居然跟知乎不能互通！如果能把收藏夹跟读读日报同步，至少能解决 80% 的内容推荐的问题。

人人都在谈个性化和智能推荐，或者众包和社群。知乎反其道而行之，依旧坚持着古老的关注—时间—加编辑推荐的模式，内容发掘落后了一个时代。建议大家去体验今日头条和即刻这两款方式不同的个性化内容推荐产品，之后就知道什么叫真正的按兴趣发掘内容了。

3. 奇特的用户运营

公众号“烂草莓”在最新的一篇文章中写了这么一段话：

“知乎一直标榜‘友善的讨论’。不说这个初衷对错，他们实现这个功能的方式简直匪夷所思——并没有设置脏话的关键词过滤，而是依靠用户举报，然后进行人工审核。审核的标准也毫无逻辑可言，完全看管理员心情。甚至自己写的答案里，如果评论出现了所谓的不友善内容，知乎官方会跑进来帮你删了。最终的结果，并没有营造出一个‘友善的讨论’的环境，反而发展出了一套可以在知乎通用的语言体系，掌握之后可以用一个脏字都不带的揶揄来恶心人，形成一种看上去也不能说友善的讨论环境。”

我记得知乎现在还有友善度机制，鼓励被扣分的用户举报其他所谓不友善言论以恢复友善度。知乎因为莫名其妙地被举报、被禁言愤而出走的高赞大 V 不在少数。比如安全专家云舒跟别人对骂，自己被禁言但对方无恙，前几天在专栏宣布“我滚了”。

很多知乎用户也做过实验，对完全相同的两条评论进行举报，有的会判是违规然后禁言，有的则驳回。随心所欲的管理风格源于没有量化好的标准，以及不关注事情本身是不是有恶意，只关注话里是不是带脏字。

BBS 时代社区的良好运营是层层递进的，版主能管好小版主，大区能管好版主，站长能管好大区，协同来管好整个社区的内容运营。即使有些是主观的、不合适的，也是有迹可循的，毕竟大家都知道版主们的脾气。但知乎给人的感觉像是“看不见的手”，大家不知道什么该做什么不该做，甚至想要讨好和迎合都毫无办法。

在观察知乎管理员处理事务时，你能体会到他们企图置身事外的姿态。很多事情不做预警、不留余地、不讲人情，看似公正公平，其实最让人心慌。做社区不是玩模拟城市，搞好地形搭好布景划好区域就万事大吉、坐看花开花落云起云舒了，是要接点地气多跟用户沟通交流，他们才是你作为内容社区产品的核心价值。

回头再看知乎吸引用户回答问题的激励，几乎为零，甚至可以说为负。对一些高赞答主的激励，无非就是每年颁个奖、出一些电子书这种小规模的精神激励，大部分用户并不能体会到这份善意，反而要面对知乎上很多无聊用户的恶意。在知乎好好回答问题有被骂被举报的风险，有被抖机灵的答案踩在脚下的心理压力；更麻烦的是，如果跟别人扯皮了，知乎不会帮你。甚至在知乎上公开对骂，知乎也都是睁一只眼闭一只眼的——你骂你的，骂不够还让你上热门。且不说每次扒皮和对骂是不是真的正义，就说这种事，官方不应该在第一时间处理掉吗？

在知乎上写答案有这样的心理压力，结果是脸皮薄的答主先撤，反而留下了无所谓的营销号和有商业目的的答主，这不是适得其反吗？

4. 投鼠忌器的商业化

我写过很多答复和文章来谈知乎的商业化，最近知乎和分答的各种爱恨情仇也愈演愈烈。刚刚提到的俞军老师，也在同一个回答中建议知乎尽快开启打赏功能。

过去讲过的就不展开讲了，做个简单总结：

以几近无用的鸡肋方式保护转载，却不提供快捷的付费转载通道。

微信、今日头条、新浪微博已提供了半年多的打赏功能，知乎半个月前才只在专栏内测。

大家用微信群和支付宝群组玩了大半年的付费讲座，知乎终于模仿做了知乎Live。

付费问答应用知乎选择在愚人节上线；分答火爆后才快速跟上迭代。

严禁一切用户自发的商业活动，不惜封号、封专栏。

目前可见的直接收入只有知乎、知乎日报的广告和知乎作者的电子书（刘看山也算？）。

用我曾经评价知乎和分答时写过的一段话来总结：

知乎完全不像是在做商业产品，倒像是在开一个清新文艺的小酒吧，有时憋红了脸叫嚷两声，路人不知所谓，有时做出些想赚钱的新东西，也不好意思硬塞给客人，顶多跟熟客耳语一句：你来，我告诉你个小秘密。

现在隔壁的在行拿着广场舞级别的大喇叭在造势，喊着“这边好玩，快都来啊”，人满为患，热闹非凡。知乎终于耐不住性子，加班加点搞出了 3.0，也拿起了喇叭喊：“我这儿也好玩！”

第四章　产品经理的招聘与求职

产品经理的职业特色决定了它是难以量化和评判的工种。没有标准量化的方法，这对于面试者和被面试者来说，会是比较巨大的挑战。我的这些文章都是在尝试让这些挑战尽量变得更加可控一些、更加低难度一些，不管怎样，产品经理能否找到好的工作、企业能否招到好的产品经理，依然存在很大的不确定性。我们要正视这个不确定性。

第一个问题，产品团队到底需不需要新人？

大部分团队声称不需要新人，不管是非互联网的从业者还是应届生，以及互联网行业的研发、运营等岗位的转行者。对其中一部分团队或者公司来说，这是严格的筛选条件，尤其是在大公司，HR 那关都过不了。

但更多的情况是，他们会关注下、了解下这个人的背景和经历，看其是不是可造之材。原因很简单：在互联网的人才资源中，产品经理奇缺。

对，这是一件反常识的常识。圈内缺好产品经理缺得要命，圈外却人人都是产品经理。我和身边的产品经理朋友，都曾经放出口风想要找工作，猎头和各路招聘网站就找上门来，ABCD 轮的公司直接电话邀请，简直如狼似虎。

而我所见到的创业团队，稍有经验的 BAT（指百度、阿里巴巴、腾讯）出来的产品经理，都可以带团队，做产品总监或者领导者。更多的创业团队其实连有经验的产品经理都没有，记者、编辑、建筑师、设计师、销售、射电工程师、律师、厨师、保险员、总裁秘书……我真的见过这样出身的产品经理在做产品。对于他们来说能将就，也是没办法的办法。

那么，BAT 出来的那些高级产品经理和产品总监呢？当然是去当 CEO 了。

因此，他们的理想目标当然是有经验的成熟产品经理，而现实情况往往是只能找哪个朋友来帮忙，或者找个能干活的勉强应付。如果有个相对有知识储备、可以做得更专业的新人来作为折中方案，他们肯定是愿意接受的。

我见过很多想转行的，自己都半点信心没有，永远对别人表现出一副求求你让我进团队，我想学点东西的样子。大家换个角度想想，这样的人谁敢用？

而且敢要新人的、比较着急需要新人的，都是中小公司，他们需要的是能做事的，而不是在资源紧张的时候还要抽身给你做培训。

从这个角度出发，大家对自己的定位应该是，我虽然是新人，但我完全可以控制住场面以及虽然没有经验，但如果我有好的环境、好的导师、好的机会，一定可以大展身手。

这是更多情况下别人希望你能做到的。

那么就到了第二个问题。到底怎样才能以新人的角色进入这个团队呢?

诚然，你如果是学机电的，跟学计算机、学媒体、学营销、学设计的比，肯定要居弱势；你如果是在中国银行当柜员，跟在百度当前台、腾讯做财务、阿里做销售的比，自然也是处于弱势的。

也就是说，你什么都不做，只是刷了刷知乎，看了看几本最流行的产品经理指导书，听了几次马云、张小龙的讲话，就去投简历碰运气，那结果显然不必多说。

如果你是产品团队的面试官，看到履历上只是战战兢兢写了一些对做产品经理没有加分的事，你肯定也不会再多看一眼。

我的建议如下：

1. 跟产品经理有关的都提炼出来

不管是简历，还是跟面试官聊，都要把跟产品经理有关的内容作为重点，别提自己在其他方面有多优异。即使你觉得自己之前的经历很厉害，但放到别人会关注的方面里可能什么都不是甚至会起反作用。

比如你是机电工程师，表达自己做零部件图特别漂亮、修汽车特别专业，所以学习能力很强，肯定做产品也特别专业。这是很无力的证明。

你应该说的是，你曾经作为工程师主持过一个项目，达到了什么效果，以此证明了领导协作能力；你曾经在某个设备的研发中改进一处设计，提高了多少效率，以此证明了创新和设计能力；你曾经针对设备运行中的具体反馈数据做出了更多调整方案，以此证明了对数据的分析处理能力。

甚至你在读书期间，参加过辩论赛、组织过晚会、主持过社团，都可以拿出来说，只要言之有物，总能算是证据。证据充足，你能成为产品经理的条件才充分。

2. 学习足够多的知识

我发现想转行做产品的朋友最大的误区是，把精力都放在了到处打听是不是哪里有机会可以碰碰运气、什么渠道能更快地加入一个团队，而不是丰富自己的知识上。

跟这些朋友交流，他们很少会说读了多少产品经理的专业书籍，很少会提到设计方法和需求分析，更不用说试着写一些竞品分析或者交互文档了。他们表达的十句里面有八句都是求求你帮我找个地方当产品经理。

如果提醒他们应该多读些书、多看些资料，他们就会把手一伸：快告诉我看哪本书、快告诉我怎么学。好像给他们几个锦囊，就能保未来做产品经理一路太平一样。

现在搜什么知识不是一分钟的事？而且互联网创业热起来后，关于产品设计的文章一天能出来一百篇，看这些文章写的事，再看看文章里提到的术语、书、产品，成为专家不容易，但成为懂行的人总是可以的吧。

对产品的理解还是停留在到底拟物好还是扁平好，到底腾讯强还是百度差，乔布斯在中国的接班人究竟是谁的这些问题上，离懂行还远得很。

3. 试着做点事情

虽然你可能只有点子没有程序员，虽然你没有良好的环境和厉害的导师，但你至少要做点事情，证明当你有了程序员、好的环境和厉害的导师的时候，可以做出有价值的东西。

会写代码自然最好，可以把自己当成设计师、工程师、产品经理和项目经理，一人分饰四角。

会设计，会编辑，甚至会做简单的PPT，可以试着做几份竞品分析或者画几个交互文档。

别问具体方法，自己想办法学习。

其实还有个很好的输出自己能力和知识的方式，就是写东西。在知乎上写，在简书上写，有了一定水平可以到人人都是产品经理社区去写。只要是干货，就能成为特别出色的加分项。

不仅是对自己的证明，写东西还能让你的知识成体系、从形而上的感知到落地的描述。

4. 应聘某个团队时，要保持自信，也要放低姿态

保持自信刚才提到了，不要总表达是来学习、来消耗别人的，要表达自己是来做贡献、来产生价值的。前提是你有保持自信的基础。

放低姿态，指的是不要预期把自己一下放到真正统管全局的位置，去做产品负责人。我跟求教的新人说的都是：

如果这个团队有厉害的人、有靠谱的事，那不管你做牛做马，都要挤进去。

如果这个团队除了给你可观的薪资和厉害的目标，那不管你有多得意，都不要答应。

我刚到锤子的时候，是个论坛管理员，在产品设计的事上根本插不上手。后来放平心态，一段时间后我发现，每天观察用户反馈，在需求把握上成长也很快，逐渐就有底气跟有经验的同事去讨论问题了。

作为新人产品经理最怕的就是眼高手低，觉得与其在团队里负责一个模块的琐碎工作，不如去创业团队指点江山。但产品经理做的偏偏就是把事情捋清楚、把不管多碎的事情搞明白，你折腾一阵子，只懂想点子出主意，只知道互联网大势，不知道需求分析的几大法则和用户体验的几大要素，注定只能变成点子王。

放低姿态，先上手，入了行，上了道，再考虑当老司机的事儿。

面试产品经理的流程

前些日子我花了一半的时间在招人，团队也逐步搭建起来了，在这个过程中，我经历了上百次面试，于是就梳理出来了下面这些内容，供大家参考。提醒一句，这套指南是从面试官视角写的，但应聘者也完全可以拿来参考。

以下会分为三个部分来介绍。

1. 考察标准

俞老师给滴滴出行这届校招产品面试官的面试标准是三个核心指标：逻辑、同理心和经验。正巧2016年滴滴的产品经理面试的具体解释是我帮忙写的，就贴出来吧。

1.1 逻辑能力

在沟通过程中始终保持逻辑合理性，上下文、前后表述都有逻辑关联。不同的人有不同的认知边界，在认知边界之外的事情得出错误的结论并不是问题，但在固有的认知范围内做出逻辑错误的判断是不能接受的。

例如，俞军老师在观察简历时会更关注简历内容的逻辑性、条理性，而不是文字背后描述的事情。

许多面试者还是缺乏基本的逻辑能力，有时聊三五分钟就感觉到了。问的是A，回答的却是B；问的是如何解决C问题，回答的却是如何解决D问题。最糟糕的情况是硬要说一个结论，却无法说清楚缘由和推理过程，只是说“肯定是这样”“显然是这样”或者“我觉得就是这样”。

1.2 同理心

许多产品经理招聘中惯常提到的沟通能力其实是表面的沟通能力。在沟通的时候利用言语、肢体的技巧和方法来说服别人，并不能真正解决问题。

要做到真正解决问题，应该具备站在对方立场、考虑对方视角的能力，在有逻辑分析的基础上表述客观事实，这样才能从本质上达成一致、解决问题。

在面对面过程中最能体会到的同理心，其实从落座开始就能够观察到了。对方在整个面试过程中，如果会关注面试官的状态，并且适时调整自己的回答，这是一种比较高阶的同理心。比如能够敏锐地观察到面试官对他的长篇大论有些倦乏就及时缩减内容，或者敏锐地捕捉到面试官对他某个方面的兴趣就及时多讲一些，或者敏锐地发现面试官对他某段经历有疑惑就快速解释一番，等等。

1.3 经验

这里的经验指的是通过过去经历总结出的有价值的信息，经历和总结缺一不可。只有经历不做思考，并不能称为获得了经验。

对于学生来说，经历比较有限，阅读也是很重要的一种获取知识、信息的途径。

我过去就很喜欢爱折腾、爱读书、对世界怀有好奇心的学生，因为我过去也是这样的，而且觉得这是产品经理很重要的一个素质，它能够带来产品热情，也会在各种出其不意的地方给你很多灵感，比如社会学、经济学这些在认知用户时候的灵感，比如美学、日用品设计和电子产品给功能设计时候的灵感，比如组织社团活动和维系各种人脉给项目规划时的灵感，等等。这点我跟俞军老师不谋而合，他曾经招到过一个特别优秀的产品应届生，常常活跃在学生论坛里。我会通过这一类的经验来判断对方是否有愿意经历新鲜事物的热情，以及总结积累的能力。

这三个部分很好地概括了产品应届生应该具有的“理性思维”“感性思维”和“知识沉淀”三个层面的需求。前两个算是素质，最后一个则是能够做好产品的基础积累。

对于非应届生来说，经验要比前两者更加重要。从过往他做了什么、他给产品创造了什么价值，更能够看出他的基本素质，毕竟一些长期项目的最终结果更加实际，对逻辑和同理心的考察，远比一个小时的面试时间更有效。

另外，从这三个层面，还能衍生出更多素质或者能力。比如沟通是基于同理心的，数据分析是基于逻辑的，工具技能是基于经验的，等等。从最底层的能力考察，显然更有效一些，不过有些时候难以判断，也可以从其他能力上侧面做一个判断。

说到这个，可以介绍一个我过去整理过的产品经理技能模型。

产品经理的技能有多个层次

工作方法	文档撰写	原型图	PPT	进度管理	……
核心技能	需求分析	功能设计	项目跟进	数据分析	……
底层能力	用户感知	行业经验	协作	沟通	管理
基本素质	逻辑	同理心	开放心态	热情	自驱力

大多数情况下，我们只考察一个产品经理画原型图、写文档的能力，意义不大。如果只看功能设计的水平，倒不如看他更基础的能力，比如他的用户感知能力非常强，那么即使他不太擅长用工具或者写东西，也能创造很大的价值。

2. 考察流程和方法

理解了刚才的考察标准，我们就可以延伸出一些考察方法了，也就是特别实在的：从哪些角度、观察哪些方面，就可以看出他是不是具有基本的素质？换句话说，到底该问什么？

我现在的面试流程分为五个部分：自我介绍和对过去经历的交流（10 分钟）；产品行业的认知和判断（5 分钟）；具体的产品课题（5 分钟）；抽象的发散式问题（5 分钟）；提问环节（5 分钟）。

以下所有提到打分的，都以满分 5 分为准，5 分是非常优秀，4 分是优秀，3

分是及格，2 分是不及格。

2.1 自我介绍和过去经历

典型问题：

①请做个自我介绍。

②你在 ××× 做了什么？主要负责什么？产品团队是怎么样的？

③你在 ××× 做的最有价值的一件事是什么？它为什么有价值？

这一阶段都是在聊很具体的过去经历，只不过有的同学话非常多，有的同学话就很少，需要引导。总之，会花一段时间发掘他过去做的事情，究竟产生了哪些价值。

以下这样类型的回答，会让人比较有好感：

我在第一家公司主要负责的是 ×××，我做了三个项目，分别是 A、B、C。在 A 中，我负责用户调研，发现用户存在 ××× 的问题，于是做了 ××× 的方案。最终开发上线，效果很好，从数据上看有 ××× 的提升，大家对我的判断也很满意。

有前因后果的逻辑关联，以及比较具体的描述，这说明他过去的经历是有分量的，至少也是大概率真实的。

第三个问题主要是想看他对自己工作的认知，讲流程化的工作内容大家都会，但是不是真的提供了特殊的价值，需要加以辨别。

在经历的环节，要警惕这样几种人。

a. 只讲工作流程的。

我们做了大量的调研工作，生成了调研报告，然后产出了原型，基于原型我们讨论了三四次功能设计的方案，最终由我产出了方案，后来我们的产品上线，效果不错。

这样的回答没有提供任何有效信息。有的同学在我催问之下，也并不清楚细节。那就有两种可能：他的产品水平太差，产品工作缺乏基本认知，只是跟着大家做事而已；他的经历是假的。

b. 缺乏深度认识的。

Q：你刚才说社区功能是你做的，那么为什么要做社区呢？

A：这个还是老板的方案吧，我们主要是执行。应该主要还是增强黏性之类的。

这样的回答说明他是执行者的角色，要比较慎重。底子不错的话，可以作为初阶产品经理招聘进来，但是高阶产品经理对自己的产品没有认知，是非常危险的。

c.有虚假嫌疑的。

Q：你刚刚说之前在去哪儿酒店部门工作，那边我比较熟，你们领导是谁啊？

A：嗯……不太方便说。

Q：那你们国内酒店产品团队分了几个模块呢？

A：这个也不太方便说。

除了对内部的任何信息都讳莫如深的，还存在经历里明显有漏洞的，比如毕业时间和工作时间匹配不上之类的，这种也一定要警惕。我之前批判过很多培训机构教大家渲染简历，就是他们让市场里存在了很多假经历，还是得擦亮眼睛。

经历上描述清晰，且真实性不存在问题的，都可以是 3 分。如果经历与我们招聘的岗位契合度极高，或者经历里有特别亮点的部分，那就是 4 分。

2.2 产品行业的认知和判断

典型问题：

①（非应届生）能否说下你们的主要竞品是谁？你们行业的现状？你对行业未来趋势的理解？

②（应届生）能否说下你最感兴趣的互联网行业？你对行业未来趋势的理解？

③你平时喜欢用什么产品？你觉得这个产品会如何发展？

这个环节会考察他除了作为一个产品功能设计者之外，是否还具备一定的视野，是否对整个行业有个大概的认知。他究竟只是一个摆摆按钮、写写文档的文档产品经理，还是一个能快速讲清楚自己公司情况、整个市场状况的产品经理？

第三个问题着重了解对方对产品的感知。按照我的经验，大家提到的产品 95% 都是常见的 App，所以不用担心会说一个冷门的不好做判断。

这些问题没有特别准确的答案，目的是要看对方有没有试着往外看过，而不是埋头看需求，只要有自己的想法，即使有各种缺漏，那也是 3 分。如果对方在行业和产品上的感知跟我几乎一样，那么至少会给他 4 分。

倒是也遇到过特别实在的，会说："我常用的 App 就只有微信和支付宝"或者"我们行业是传统行业，我也不熟悉。"这种就很抱歉，只能给 2 分了。

2.3 具体的产品课题

典型问题：

我们最近遇到了一个这样的问题，×××，你有什么想法？

这道题是看对方拆解问题的能力。问的问题通常是近期真实遭遇到的难题，也不是真的预期对方能够在短短几分钟内完美解答，只是看他是如何分解问题、阐述思路的。

例如，问该如何拉动非专职司机加入平台，那么我希望听到的回答会分为几个步骤：

定义非专职司机；

非专职司机的用户群体定位；

加入平台的诉求（需求）以及场景；

平台可以如何解决这些诉求（需求）。

只要是按照步骤从根源出发思考拆解的，无论答案对错，都可以是 3 分。

如果拆解的过程和给出的答案，是我目前想到过的，那可以是 4 分。

如果给出的答案非常有启发性，是我从未想到过的，那就是 5 分。

2.4 抽象的发散式问题

典型问题：

① 你认为产品经理最需要的素质和能力是什么？你觉得自己哪些方面很匹配，哪些方面还需要提高？

②你的职业规划是什么样的？

③你最近读了哪本书？有什么感想？

这部分的发散倒不是那种"你的优点和缺点是什么"的蠢问题或者什么"抓绿豆""白帽子"之类的脑筋急转弯问题。

个人经历基本都是有精心准备的，所以往往无法判断对方的信息组织能力如何。但这些问题是对方不能事先准备的，提问完了就要回答，这时候看到的就是真实的对方了。

对于个人判断和职业相关的问题，可以了解对方的自我认知是否准确。有的人认为自己非常厉害，是接近产品总监的角色，但聊下来可能觉得他只能算还不错的初中阶产品经理，那么招聘这种人进公司就会很为难，即使他原本可以做那些事情，也会认为自我认知、自我定位和公司对他的判断、领导对他的定位有偏差而出各种麻烦。

最后可以补充几个看了哪本书这种偏生活化、相对容易回答的问题，看看他能否讲清楚自己生活中的细节，这也是观察、信息组织和表达能力的整体呈现。

2.5 提问环节

这部分就不多讲了，对方问什么就答什么。不过对于他问到的内容，也要做个侧面的判断。比如他更多地问业务、问工作，说明他看重这块；他更多地问福利待遇、问加班情况，说明他看重的是另一块。也能据此分辨出对方是不是自己想要的人。

那么这五个环节就都说完了。这是从流程的视角来说的，另外像刚才提到过的信息组织和表达等能力，我们需要掌握一些贯穿始终的观察方法。

A.1 看信息表达的单位信息量

面试多了，就会有这种感觉。同样的事情，一个同学 2 分钟就讲完了，另一个同学要花 10 分钟。

比如，我们做了用户分层，这个用户分层就是区分用户的层次，把用户分成许多种类型，这样能够方便我们区分用户，在功能上有区别。那么用户分层的时候，我们用了两种方法，一种是做线下的调研，另一种是做线上的分析。我们不能只做线下的调研，也不能只做线上的分析，因为只做线下的调研的话，就缺乏线上分析的数据，会导致我们获取的样本太少、没有具体的行为数据。只做线上分析的话呢，我们又没法直接接触到用户，获得比较直观的理解……

说了很久貌似很充实的内容，其实细看就讲了“我们做了用户分层，通过线下调研和线上分析”一件事。靠车轱辘话和一些不说也能想到的解释，硬是填充起来很多内容。

所以滔滔不绝说了 20 分钟过去经历的，未必就是真正做了很多事的同学。

A.2 看是否提供了临场发挥的新信息

刚才提到了，给一些难以准备的问题，目的就是看看对方是否能提供新的信息、临场组织语言的回答。

有的面试者非常机智，会有这样的场景：

Q：那么你可以讲讲你对出行行业的理解吗？

A：出行行业的话我其实并不太熟悉。我还是说说我对酒店行业的理解吧！

或者：

Q：你们这个项目最终的效果有检验吗？

A：那我展开说一下吧。我们做的这个项目是跟 ××× 合作的，我们经历了几个月，做了 ××××，然后 ××××，最后 ××××，大家都很满意。

很明显，他们都没有提供任何新的信息量，都是答非所问，有始终在讲自己准备好的内容的嫌疑。这种情况要给他们扣分，并且持续追问。

A.3 看是否有好奇心和热情

从某些方面我们是能看出对方是否有好奇心和热情，比如在他过去的经历里有没有各种有趣的爱好、特长，爱旅行、爱看书、爱写东西，这些都算。

或者在校园生活以及业余生活里，有组织活动、成为某个领域票友的经历，都是难能可贵的。这意味着，首先他愿意主动参与某件事情，其次他能够深入参与、通过自己的努力成为半个专家，最终证明自己、产生价值。

过去是白纸一张，只是埋头学习的同学，往往无法对产品产生热情。他们只是一丝不苟地把事情执行好，并不能做好产品。

对五个环节和三个层面都做到心里有数之后，就可以大概给对方打个分了。不能随便算个平均分，那样没什么意义，而要先把分数转化成对面试者整体的描述，例如：

面试者 A

①过去经历丰富、与我们产品很契合；

②逻辑能力一般，对于新的问题回答比较磕巴；

③行业认知有限，职业规划也比较模糊；

④性格比较踏实，执行力还可以。

整体来看很普通，只能作为执行者来推进项目，3.0 分。

面试者 B

①经历一般，比较缺乏经验；

②逻辑能力很强，可以快速拆解问题；

③行业认知清晰，有很强的好奇心；

④理工科出身，策略型选手，对数据敏感。

整体来看比较优秀，适合做策略方向，4.2 分。

最后拿着这个画像再去匹配具体的岗位，就相对心里有数了。

3. 一些补充

其他的一些补充想法整理如下：

从招聘渠道上来说，还是朋友推荐的成本最低、效率最高，基本有 50% 的入职率；老板直聘的面试率是 10%，入职率是 0.3%；知乎上投来的简历面试率大概是 5%，入职率目前还是 0。其他公开渠道的更低。所以还是建议大家尽量留心身边靠谱的同学朋友，把他们当作自己潜在的发展对象。

流程上在你前后面试的同事，要跟他们确认好大家的标准，反复沟通了解，同步认知，否则就会出现你评 2 分他评 5 分的尴尬局面。

面试的时候经常做出“他来我的团队会怎么样”的假设，想象一下他真正加入团队会如何、欢不欢迎他这样水平或者性格的新成员，做判断时会更准确。

要尽量礼貌谦和，不仅能维护公司团队形象、让面试者意愿更强，还能防止面试者紧张、表达失常。

大部分面试时间会维持在半小时左右。对于很快就判断比较靠谱、非常优秀的同学，可以把重点交流内容放在目前团队的情况、产品的状况，跟对方同步信息并且增强吸引力上；对于很快就判断不靠谱、不达标的同学，可以给他提一些建议，委婉地表达下他的问题。

怎样识别不靠谱的公司?

我接触的互联网公司或者团队，见到过各种奇葩的事情。因为很多公司还都没倒闭，为了避嫌，就不提公司名了。我从另一个角度说，凡是有以下这些特质的公司，都会让人有“还好没去这家公司”的感觉。

1. 扣工资、降低工资、不实发工资

首先，不管出于任何理由，扣工资、降低工资和不实发工资都是违法行为。

一向是在家长制的传统中成长的大家，总觉得公司说什么就是什么，对合同很忽视，对老板很忠诚，讲的都是三纲五常，不是契约关系。

经常拿工资来威胁员工的公司，是最下流的公司。奖金可以不发，但之前约定好的工资不发就是要流氓。

有的公司降薪的理由是，发现员工的水平没有达到预期，所以想支付更少的价格。好像很无辜，但当初对员工做判断的失误责任应该由员工承担吗？如果这个人是谎报或者在应聘时有虚假信息，那是另外一回事，但如果起初的判断是基于客观信息的，那就没什么可说的，只能证明公司没有基本的识人能力。

况且，你真觉得降薪的员工还会继续在公司干下去吗？

2. 不看结果，只讲形式

其实我觉得有些企业文化恶心一点也没关系，比如要聆听老板的教诲、买老板的书甚至背诵老板语录，都是勉强可以接受的。

不能接受的是，全是空谈，不讲道理。

一般来说，老板说的漂亮话总不会是歪理，怕就怕你明明做对了，别人非解读成你忤逆了老板的精神。

比如说狼性，这本身没错啊，大家拼一点，或者做事狠一些，可以的。但你非要把狼性解读成每天加班到晚上10点，这就不对了吧。从你说狼性开始，我就每天用两倍的效率在工作，以往每天写一千行代码，现在一天写两千行，结果按时下班你就说没有狼性扣我奖金？

3. 不说事儿，只说情怀

我之前见过有的团队，我问一句："你们准备怎么做？"他们能讲半个小时的互联网大局势和年轻人为什么要有梦想。我接着问："那到底怎么做呢？"他们会再花半个小时论述怎么做不重要，关键是要开始，好的开始是成功的一半等。

有些公司你能明显感觉到不适，然后走人。这样的公司却不会让你不适，也给你还不错的待遇，给你还凑合的工作环境，但就是没事给你做，大家每天都在讨论理想。这样的地方只会不断消耗你，让你失去正常人工作的能力，跟温水煮青蛙一样。

要提防任何说到公司未来，就只有五年后的计划的人。

4. 不讲道理，谁话语权大谁说了算

如果你是产品经理，或者类似产品经理这种要做方案和策划的岗位，肯定会

头疼一件事，就是领导或者老板的指示。

我见到的 80% 以上的创业团队，老板的“拍脑门点子”都会造成项目的致命伤。如果放大到大公司，就更要命了。比如在某互联网巨头公司，你要是有老总的邮件，真就跟拿了尚方宝剑一样，谁都会给你让路，什么资源都供你差遣。

所以我会看公司这样的一个数字：下属提出的意见，或者跟上级不一致的方案，有多少比例会被采纳。如果是零，那这样的公司就是一个高度集权的公司，是很危险的。

在这样的公司，哄上级开心、听上级的话，才是主要的工作。

5. 拿公司的某些特质来说事儿

拿公司的某些特质来说事儿，说个没完没了，尤其是老板的背景。

最可笑的一种公司或者创业团队就是不断强调创始人的背景，最常见的是“最年轻的 ××× 成员 / 获奖者 / 专家”或者“天才儿童 / 高考状元 / 常青藤或者清北高才生”，甚至还有什么杰出青年、劳动模范。

这样的公司所有的事情都是围绕着这一个人展开的，公司业务、品牌建设、产品风格等，都成了这个人的附属物。

适当地拿创始人做公关是可以的，但拿这么一件事证明公司的价值，还差得远。

还有类似的，比如公司是哪个巨头或者某个著名投资人投资的，比如产品在行业内是第一家做的、说这里发的工资是最高的，甚至公司有很多单身帅哥美女，有免费水果有咖啡机，咖啡居然还是免费的……

跟说情怀讲理想是一个道理，扯些没实际意义的东西，只能证明公司对自己的其他价值并没有信心。

6. 分工不明确，或者随意调换岗位

“我们会给牛人最好的施展平台，你来这儿想做什么就做什么，大家特别自由。”

小团队特别喜欢说这句话，名义上是牛人凑到一起什么都能做成，但谁都清楚一个道理，大家分工都不明确，责任不就不明确吗，搞来搞去搞成什么，搞共产主义吗？

这样的团队会存在这样一些问题：

管理上会混乱。如果都是想干什么就干什么，也没有分工，那管理上怎么操作呢？就只能跟放羊一样吧。

对专业能力不尊重。且不说产品、运营、技术、市场、销售、营销这些类目之间隔行如隔山，就是同一个类目里面不同的岗位要求的技能项也是不同的。

没有目标、没有计划。管理上无法操作、岗位产出不能保障，那做计划、说目标就都是空谈了。

对于大公司也是同样的。只要 HR 随随便便就认为你可以胜任其他部门的岗位，只能说明他们对人才不重视，同时也对部门岗位的要求马马虎虎，太随意。

7. 对公司资源的利用特别短视

其他朋友提到的很多了，有的公司惜财如命。我总结的四大奇葩制度是：空调使用要管制、抽纸领取要登记、设备采购都二手、报销步骤烦死你。

奇怪的是，这些公司真的算不清楚，让员工工作体验很差导致的效率低下给公司造成的损失，和花这么点小钱给公司造成的损失，哪个更大吗？难道这要算作行政部门的业绩？

格局更大的公司，会知道员工的成长对自己的意义。给员工买书、参加学习和做团建的经费这样的成本，能够实实在在转化成员工的附加价值。把自己跟员工放到对立面，是很愚蠢的做法。

在这样的公司工作，每天都在给公司创造价值，但会感觉到公司总想着让你做得难受点、做得不痛快点，你一旦松懈下来，表达了不满，公司还会很兴奋地表示：说什么来着，对你差点就对了，你看你现在值得公司对你好吗，你这个白眼狼。

如果你发现有以上提到的七点这样气质的公司，请敬而远之。

怎样选好老板？

最近在找工作，见的基本都是老板或者 VP（副总裁），谈下我的体会和感悟。

1. 看这个老板是不是行内人

看似简单，排查起来却很不容易。有的老板会把自己的不专业隐藏得很好，在战略方向和宏观把控上也不会出错。但问题是，越远大的事，越说得漂亮越没有门槛。

我有个朋友号称“百科小王子”，平时就喜欢看知乎逛贴吧，关注 了 100 个公众号。扯互联网大势，他也能把 36 氪、雷锋、虎嗅的分析一一道来，也可以张口原研哉闭口张小龙，左一句小米生态链在智能家居中的深刻布局，右一句大数据改造电影产业在网络剧中的尝试。最近有个叫《我是独角兽》的创业真人秀，让他伪装成导师去肯定没有破绽，虽然他只是个卖烧烤的。

我刚毕业时什么都不懂，不会分辨。现在跟老板聊，逐渐能体会到他是不是够专业了。比如聊电子书平台，说起阅读体验和商业模式，有的是“要遵从纯粹的读者感受，我们的阅读体验肯定是国内一流”和“只要让用户满意，消费行为就自然出现”，而有的是“我们把体验本身分为四个步骤，通过埋点得到的行为数据判断出了五个未来会做的要点”和“基于场景付费是基本思路，我们希望通过 IP 和社区作为切入点，用投资方那边的资源优势作为基础去啃下网文周边的消费”。有个很简单粗暴的判断手段，聊的数字和专业名词越多，这样的老板就越靠谱。

2. 看老板是不是清楚你的能力

每个阶段我都会知道自己能力所及的范围，可以做到什么样的地步，管多少人、任什么岗。

若老板不太认可你的能力，也是能大略体会出来的。他会用“先以较低的职位进来”和“我们是开放心态，你自己努力自然会有匹配的地位”这样的理由把你留下来，实则是对我的能力有所怀疑。这样的老板我会非常慎重。

而更危险的情况是，老板高估了我的能力。说起来似乎是有便宜不赚太傻，既然被高估了能力还能拿更多薪资、挂更厉害的头衔，那何乐而不为。但这样的话，一方面上任后无法发挥真正的能力，做不出成绩来，耽误自己的提高；另一方面其实也证明这个老板辨人的能力有限，并且不够专业，才把我当成更专业的人，跟他做事，危险得很。

3. 看老板是不是足够真诚

用人的风格大家都不同，但有的就喜欢扯皮，有的就喜欢直白。

说到公司福利，有的老板会说“足够的成长空间”“自由欢乐的工作氛围”这些无关紧要的事，“只要努力，到时总会有对应的回报”已经成为万金油的答法了，不管抛过去怎样的问题，都能用这句话空手接白刃。

有的老板则会强调很实际的薪资奖金、股权期权的状况，甚至会帮忙换算每个阶段根据公司成长的状况真正获得的收益。经济收益是着重强调的，而个人能力提升、很好的工作环境甚至帮忙找女朋友这类没谱的事儿都在其次。这样的老板让我觉得异常放心。

怎样辨别面试官的水平？

1. 高级的产品经理和产品总监是有一定气质的

这个比较玄学，但我见过的真正高阶的产品经理，和其他的跟我水平相仿与初阶的产品经理，区别的确非常明显。还记得几年前曾经有个区长和随行人员到我们公司，即便大家并没有特地让区长站到前面或者簇拥着他走，大家还是一眼就能看得出哪个是领导，这是举手投足之间的感觉。

沉稳、思路清晰、状态良好、为人和善，基本是这种气质的组成因素。我见过的P8以上的产品负责人，以及某些公司的产品副总裁，没有哪个是刻薄、话多、活泼以及不礼貌的，有时候跟他们面试就好像在闲聊天，并且总有收获。另外的一些所谓高阶产品经理或者负责人，或者私人办公室里摆着茶具高高在上的，或者面试你比自己面试还紧张的，或者一句话都不愿跟你聊就听你说的，就没那么靠谱了。

如果没法从这些因素来判断，那就从结果上判断：跟他们聊完，是不是心情比较舒畅？还是特别憋屈，觉得自己一无是处、特别糟糕？

之前有个朋友面试后跟我说：面试我的那个小姐姐真好，又漂亮又温柔，逻辑特别清晰，也给了我很多建议和帮助。就是这种感觉。

2. 反问阶段的问题

我准备的问题，真的是不太理想。

我补充下，最近真的好想压力面试一下，面试我的高级产品经理或者产品总监——

如果下属能力比你强怎么办？

你介不介意下属比你赚得多，升得快？

如果你做出一款产品，是吐槽你老板的，你怎么提供服务？

聊聊你对这个行业生态系统的理解？你怎么理解媒介？

除了最后一个还不错外，前两个纯属搞笑且很不礼貌（言外之意是“我万一比你牛了你让不让位置？”），第三个是脑筋急转弯类的题目。

你到底是要看你领导的人品、性格，还是看你领导的水平？从前三个问题是根本考察不到的，而且显得自己情商很低。

面试的时候几乎都会有“我的问题完了，你还有什么问题要问”的环节，既然我们的目的是看对方的产品水平（有的领导的确颇有气质、领导能力也强，但真的没有多少产品能力），那就问在合理范畴内的相关问题啊。

比较推荐的问题包括：

a. 您怎么看待自己所在的行业？您觉得产品在核心竞争力上跟竞品有哪些差别？

这个可以考察对方对行业和市场的理解，这是做产品的基础。如果要想很久才能回答甚至答不上来，那这个领导应该只是执行型的，对你帮助不大。

b. 您觉得产品经理需要具备哪些素质？刚才交流过后，您觉得我是否具备这些能力？

前半截是问对方对职业的思考，他但凡有清晰的职业规划，就一定思考过这些问题。后半截主要看他是否有洞察力，我们都有自我认知，看他是否能一眼看出我们的优缺点，这也是领导的核心能力。

c. 您刚才说到一个产品上的问题××××，能否问下您觉得要怎样解决？

把刚才他问过的问题回抛过去，可以考察对方最基本的解决问题能力。我们通常是回答没那么好的，要是他连我们的回答都不如，那这个领导也可以不要了。

d. 能不能问下您（和其他团队同事）大概的背景？

其实就是了解对方的经历，这样能够从侧面快速做一个判断，就相当于我们也拿到对方的简历了。不过这个问题存在一定的不礼貌性，要慎重提问，根据对方的态度以及自己的议价权力来考量吧。

3. 最后的几个问题

再补充一下以下几个问题的回答。

3.1 有没有捷径可以在别人需要 7~9 年升到产品总监的时候，我在 3~5 年成长为产品总监？

有捷径，只是通常不是我们自己能够掌控的。要达到这种效果，一般是有极佳的天赋和极佳的成长空间。天赋包括对产品和用户的敏感度、强大的逻辑能力以及对项目的自控和把握能力；成长空间包括特别好的机缘，能够在一个公司里飞速成长，比如加入三年前的滴滴，或者四年前的今日头条，可是大部分人都不愿意在那个时间点去。

很难说这两个因素哪个更难，的确都太难把握了。

我有幸作为产品合伙人创业过一次，也到准B轮了，投资方也是国内外顶级的，可是公司没有成长起来，我自然也没有成长起来。头衔虽然是产品总监，但我见过一些其他的产品总监后，就不太好意思自称是产品总监了。

换个场景，如果去大公司，你就要跟更多天赋跟你差不多或者比你好的人竞争了，可能性有，一样很低。

总结下来，硬要说有捷径的话，就是特别聪明以及特别走运吧。

3.2 和优秀的人在一起会使自己更优秀，怎么快速鉴别你的上司是一个有干货的人？

每个人的认知边界都是很有限的，一定要记清楚这点。当我们刚入门的时候，我们难以理解中高阶产品经理的许多思路；在我们已经是中高阶后，我们也无法很好地把握产品副总裁的想法。

所以不要妄图确认对方到底有多少料、到底水平如何，他可以跟你讲很多你没听过没想过的事情，但是你没法判断是对是错。

我们能做的是什么呢？基于我们自己的认知去看对方，看他是否能完全能把握我们已经掌握的东西，在我们讲工作内容、在我们表达的时候他是否能理解，是否至少达到了我们的水平层次。接下来，看他能否有洞见，能够发现我们的问题，这点很关键。能发现我们的问题，不管是在工作中的、认知中的还是各种细节里的，都证明他在认知上比我们要强。

3.3 在鉴定了他有干货的前提下，你觉得哪个方面可以向他学习，他是否能教会你他的长处？态度上是否愿意教？

这种职场的小九九还是不要有吧。你看世界、看别人都是警惕性很强的，那别人看你也会是警惕性很强的。从你关心的问题来看，心态还是过于狭隘了，先修炼修炼内心吧。

另外，高手们就算不愿意教你，你也可以耳濡目染。文档可以看，项目可以跟，开会也能旁听啊。武功看会了，有成长了，职场上总会有康庄大道的，不会总拴在一棵树上的。

天天担心别人不教你，这样的人，总感觉未来也会天天担心别人偷学武功。

应届毕业生如何应聘互联网产品经理职位?

最近又是校招季，年后可能还有一轮，说说对应届毕业生应聘互联网产品经理的一些建议吧。

1. 认识产品经理

确保从第一次见“产品经理”这个词，到你决定找工作中的这段时间，你获取关于互联网和产品经理信息的途径不仅仅是知乎和微博，你知道的产品经理不只是乔布斯和张小龙，你见过的好产品不只有微信和支付宝。

不是沟通能力、不是分析能力，大部分应届生应聘的软肋其实是对产品经理的理解缺失。

2. 自身影响力

“产品经理改变世界”这句话写全了应该是“一小撮产品经理改变世界，大部分产品经理改变一丁点世界”。这句话的重点不在世界上，而在改变上。一个人无论是在生活中还是在工作中的影响力（不是创造力），是成为产品经理的基础。

在想出一个惊天动地的想法之前，先想想，你在学校里、在社团里、在实验室里、在班级里，曾经起到过什么作用没有?

你下铺的班长抱怨说每次班会人都不齐，你出过主意吗？你在各种演讲、分享和讨论会中，经常主动发言吗？你在参加的社团、协会和比赛中，是主要负责人或者核心角色吗？

如果都没有的话，你连身边的人都影响不了，又哪来的勇气说自己的想法可以改变世界？

3. 自我判断

说到这里，其实也就是说自我判断。

许多应届生误会了很多产品方面的技能，认为就只应该作用在产品上。其实不然，面试官知道大家并没有产品基础，肯定会看你过去的经历和你自身的特点。单纯说对产品的理解对他们来说就是班门弄斧，毫无意义。

比如，观察能力未必要体现在自己注意到了哪个微小的交互动画，也许体现在总能搞明白别人的需求，在跟老师同学的交流中总可以知己知彼。

比如，沟通能力未必要体现在自己能滔滔不绝、面试时口若悬河，也许体现在你曾经带着学弟做过科研项目，还让舍友心甘情愿每次帮你带饭。

比如，逻辑推理能力未必要体现在读了多少本数理化的书，也许体现在你讲话已经习惯区分层次、列清条目，并且有着层层递进的关系。

最重要的是，不要误以为做一个很好的用户就是一个很好的产品经理，想办法写很多竞品报告或者产品体验报告，以对几个 App 的粗糙理解作为自己的筹码。真正的产品经理写出来的，是从设计者的角度看本质，我见过的大部分应届生写的，仍然只是用户说明书。

4. 对产品经理有没有热爱

搞清楚产品经理究竟是什么，再搞清楚自己究竟行不行，接下来就是搞清楚自己到底想不想。

“在职业规划时，偶然发现了产品经理这个岗位，有种突然找到了人生意义的感觉！”

“看过一些产品经理的介绍之后，认为这就是我想做的职业。”

“现在互联网特别火，产品经理门槛也不高，我觉得可以试一试。”

这不是我编的，这都是一些同学跟我的真实的聊天记录。

不要只看到光鲜的地方，或者自以为看到了光鲜的地方。先别看最牛的产品经理都在干什么。先看看最惨的产品经理都在做什么。

他们可能在日复一日写无穷无尽的文档，在日复一日跟技术人员扯没完没了的皮，在日复一日当老板的传话筒，并没有机会做自己的设计。

在遇到做第一个像样的功能的机会之前，也许要先写100篇无聊透顶的文档、跟技术人员吵50次架、梳理30个错综复杂又没什么乐趣的产品逻辑。

对于大部分产品经理来说，新的产品，可能几个月甚至几年里，都没有多少用户，你根本没法从中得到成就感；成熟的产品，可能几个月甚至几年里，都不会把重要的功能交给你（甚至给你过目），你只能打打下手。

你能忍受这些吗？

你对产品的所谓“热爱”是不是只是找工作的筹码，你看中的是不是只是赶快进到一个大家都看好的行业里做一个看起来有趣且有范儿的职业？

5. 突出自己的技能

说到简历和面试，应该给别人展示的，就是我刚刚说的，你最真实的学生生涯中最接近产品经理的一面。

这一面，越有差异化、越具有不可替代性，就越靠谱。很好的判断方法是，看你作为筹码的这些，别人是不是也容易做到。

你可以组织学校的晚会、可以在实验室做项目、可以在本科时候就发表论文，甚至可以在学校里开小卖部，这些都是具有不可替代性的，是别人未必能做到的。

但你的简历上如果都是重度App使用者，装了400个App、读过《人人都是产品经理》、对产品很感兴趣或者会用 Axure，那真的没什么价值——你说的这些，谁又不行呢？

6. 不挑公司和产品，尽量挑人

尽量别以自己的个人经验选公司和产品。有的公司名气大，产品经理未必靠谱；有的产品你虽然喜欢，但公司可能快不行了。

不挑公司和产品，尽量挑人。这个团队是不是有足够厉害的产品经理？这是对于没有经验的新人来说最重要的判断标准。

要是很难知道对方团队有没有足够厉害的产品经理，那就看对方是不是有足够多的产品经理。只要足够多，那有靠谱产品经理的机会也就更大。

这样来看，如果自己很难做出好的判断，BAT 就是至少不会出错的选择。

最后，不要随便加入创业团队，成为他们唯一的产品经理。

应届生没有工作经历，简历应该怎么写？

1. 先挑事情

不管是科研项目，还是社团活动，都可以从中挑出跟岗位要求有联系的，直接间接都行。

以产品经理为例，互联网公司的产品实习、产品项目、创业大赛这些，都是直接相关的经历。

没有实习，也没有参与过产品项目和创业大赛，没关系，想想你是不是有当学生会文娱部长的经历？是不是在家里的工厂帮忙打过杂？是不是发过两篇论文？这些经历也有间接相关性。

2. 把事情捋清楚，更重要的是你的价值

这件事情的目的是什么？过程是什么？结果是什么？更重要的是，你在其中起到了什么作用？

有时候会看到一些光鲜的学生简历，他参加了许多事情，但问起来，也都只是参加而已。判断价值最简单的方法就是“假如没有你，这个事情会怎么样”。你最有价值的情况，就是这事儿压根成不了。

在家里的工厂打杂，是不是给爸妈出了一些主意，解决了一些难题？在学校的社团活动，有没有主办过一些晚会，带领过一个团队？

3. 与应聘的岗位产生关联

刚刚提到的价值里，哪些是跟应聘岗位的要求相关的？

还是以产品经理为例，协调资源的能力很强是一个加分项，参加社团活动虽然不是产品项目，但有许多共通的地方，都解决了参与者意愿的问题、把控好了项目节奏、交付了不错的结果，这样就可以产生关联。

单纯写自己厉害，却跟岗位无关，没有意义。

大概就是这三步，步骤简单，梳理清楚其实挺难的。

当然这个建议只提供给“真的有其他经历”和“应聘岗位没有硬性门槛”的同学。没有拿得出手的经历，或者没有要求必须具备的经历，就真的帮不了你了。

如何调整正确的心态?

我遇见过很多应届生,他们都有这个疑问:为什么我找个产品助理的工作都这么难?

他们的逻辑是:我不太懂互联网,但想去互联网从业(潜台词:听说这个行业赚钱多)。

我不适合做别的岗位(潜台词:我什么都不会,但好像做产品经理也没啥要求)。

我不当产品经理啊,我只是做个助理(潜台词:我让步了啊)。

但他们都不要我,说还是更需要有经验的(潜台词:他们好像有偏见,只要有经验的)。

然后推导出了结论:作为应届生,估计很难找到产品岗位吧。

有这种想法的同学,心里想的都是自己的状况,自己的遭遇,提出的问题里都是第一人称。偏偏没考虑到一个简单的问题:你能给对方带来什么?你值那份工资吗?

再回头看那几点。

1. 多掌握知识才是筹码

不太懂互联网?只是觉得互联网真棒?这种说法根本打动不了人。你表达出来的对互联网的热情并不能证明什么啊,不知道为什么很多同学都把这个当作应聘的筹码。我还对当省长有兴趣呢,兴趣够大了就能让我当吗?

现在又不是信息闭塞的年代，至少基础知识在网上没有找不到的。多了解互联网，多掌握些知识，才是筹码。

2. 证明你自己

同理，你不会别的，就让对方收留你，这是什么奇怪逻辑。

你应该做的，是向对方证明：我就是做产品经理的料。我有逻辑能力，我对产品很有感觉，我能跟人很好沟通等。产品经理需要的能力，可以买几本书多翻一翻，在网上多查些资料。让你“证明”是因为，不是空口说自己牛，而是用一些事情证明。

作为应届生，未必是很直接的证明，但从小到大很多经历都可以拿来用。你参加过社团？你打过辩论？你曾经化解了一次剑拔弩张的争斗？都是可以讲的内容。

当然，如果你证明不了，有可能你确实不适合做产品经理，那就得另作打算了。

3. 知道你自己擅长什么

在你看来，从经理到助理是让步。但对招聘你的团队来说，“不能做事”就是“不能做事”，你做经理产生的价值是0，做助理同样是0，甚至你做助理的助理也是0，这跟岗位没有关系。

那如何证明你是可以做事的呢？

除了上文提到的描述自己的经历，最有效的方法，就是猜想对方需要的是什么样的人，去证明你可以或者有潜力成为这样的人。

比如，锤子科技之前在面试中最看重的，就是对目前的系统提的功能建议。你如果能提出好的建议，那加入团队后，也应该能继续提出好的建议。

比如，有的团队更看重协作能力，那你的计算机专业学历、做过兼职销售或者策划组织过活动的经验，就都可以拿出来讲。

如果你分析后发现，你很难成为对方团队需要的人，那不是对方苛刻或者你不够好，纯粹是不合适罢了。产品经理并非普适的岗位。

4. 没有人为你的兴趣埋单

所以，结论就是，经验为什么重要？因为它是直接证明。但是你作为应届生，仍有很多间接证明自己的方法。

只要让对方觉得，面前这个人，来到我们团队能创造价值，那他们就会认真考虑你。

如果只是表达出：“我特别喜欢互联网，我很想到贵团队学习做产品，让我干什么都行，拖地都行！”那他们就会觉得这人可能只会拖地，还想让别人花钱养着他、教他做产品？要他何用。

怎样判断面试者的能力？

最近在招产品经理，面试中遇到了很多问题，跟 HR 专家沟通，再加上自己的分析整理后，我们可以得出一个结论，从面试产品经理的整体流程来看，首先，应当确立标准。

千万不要觉得面试就可以不做准备，“一个人靠不靠谱聊一聊不就知道了”？我一开始也是用这种思路来面试的，但发现效率极低、效果极差。

因为如果只关注这个人的言谈举止，只能看得出他大致的情况：年龄、健康状态、基本的性格（外向还是内向）、沟通是不是顺畅。再深度的信息就很难发掘了。

我们是要了解产品经理的能力和他的经验，最后的目的是判断他是不是符合岗位的要求和招聘的标准。这些，都是随便聊一聊做不到的。

那么，标准该怎么确立呢？

先列出所需的技能项。比如，我理解的产品经理所需的技能有：

需求分析；

产品设计；

项目跟进；

行业知识。

前三个不用解释。最后一个指的是要对互联网圈内或者所从事的行业内的知识和信息有所了解，往常的工作不都是闭门造车。

针对每个技能项，分三个档次，然后增加说明。

比如，拿到了数据可以作出判断，这是段位比较低的。再靠谱一些的，应该有调研、访谈或者收集数据的能力，对需求的分析更加合理。最厉害的是，有成套的方法，能够系统地获取用户需求。

需求分析的技能项按三个档次分就是：

需求分析	1	能基于已有数据或者主观判断得出用户的情况，并判断用户的需求。
	2	能通过访谈、调研等形式主动获取一定的数据和信息，作出判断。
	3	能根据产品的定位和市场的状况，设计并执行一套完整的需求挖掘方案（包括目的、形式、展示结果等）。

以此种方法拓展，把所有技能项列出：

类别	单项	level	描述
工作经验	需求分析	1	能基于已有数据或者主观判断得出用户的情况，并判断用户的需求。
		2	能通过访谈、调研等形式主动获取一定的数据和信息，作出判断。
		3	能根据产品的定位和市场的状况，设计并执行一套完整的需求挖掘方案（包括目的、形式、展示结果等）。
	产品设计	1	能模仿和借鉴其他产品的特点，设计出可用的产品。
		2	能根据自己的知识和经验，设计出更合理的产品。
		3	能通过需求分析和更多理论方法，设计出优秀的产品。
	项目跟进	1	能书写各类文档，与技术人员进行良好地沟通。
		2	能参与排期、进度规划等工作，并可以在研发过程中与技术人员进行良好地协作，确保项目顺利完成。
		3	能主导项目的进度安排和需求的优先级排序，确保产品版本上线时的品质。
	行业知识	1	能了解常见大众产品的特点，以及行业知识。
		2	在以上基础上，了解产品经理的常规工作和知识，懂得基本的交互、设计、运营、营销及研发常识。
		3	在以上基础上，有自己关注的小众产品，对自己从事的行业非常熟悉，并且有自己的总结和系统化的整理。

目前来看，基本的标准已经做好了。

不过对于某些工作经验比较少的人，尤其是应届生，其实往往无法用这个标准衡量。因为他们掌握的更多的是“能力”而非“技能”。也就是说，他们有潜质做好产品的工作，有的是基本能力，但并没有在产品经理岗位上工作的经验。

所以我又做了一套关乎“能力”的标准。大致是这样的：

类别	单项	level	描述
个人能力	信息敏感	1	能够观察数据得到直接的合理结论。
		2	能够判断出数据和信息的可信程度，以及反映出来的更多信息。
		3	能够对信息了如指掌，并制定方法主动获取想得到的信息。
	逻辑分析	1	能对一些事情做简单的判断、基础的梳理。
		2	能熟悉推理、演绎、归纳的方法，在工作中熟练运用。
		3	平时生活中，处处都习惯运用逻辑方法，客观证明做出任何判断的正确性。
	沟通	1	能正常沟通想交流的信息。
		2	能掌握谈话中对方的情绪，适当调整沟通方式。
		3	在谈话中能掌握主动权，可以很好地完成无授权领导的工作，协调规划多个团队的协作。
	性格	1	能够与人相处；对薪资和待遇有追求。
		2	不卑不亢，不会有明显让人讨厌的地方；关心产品经理的工作内容，关心自己的成长。
		3	有性格上的优势，工作中可以起到正面作用；对产品有热情，对公司所在的行业有热情。
	审美	1	能大致区分美丑。
		2	能判断一些产品上的视觉细节的好坏；喜欢艺术或者文艺方面的东西。
		3	能很好地指出产品视觉细节的改进方法；对自己生活中的审美有要求。

至此，关于标准的设定已经做好了：

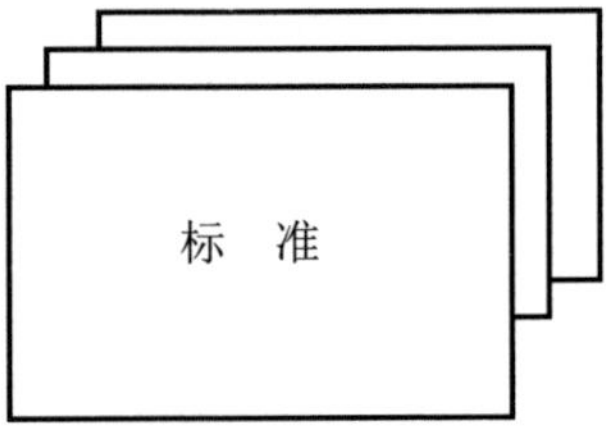

下一步，就是通过面试来获取应聘者的信息了。

其实我最近刚学到的很重要的几点是：

你的问题决定了回答者的回答方式；

应聘者表达的内容与真实情况之间，真实情况与证实他的能力之间，都是有距离的；

对事例和经历的描述，要足够完整（前因、后果），足够具体（数字、效果）才有说服力。

第一，问题决定了回答方式。这个很好解释。如果你拿刚才的技能表或者能力表给应聘者填写，他 100% 会说都能做到而且评分很高。

你需要问的，其实是很具体的能证实某个特殊项目的经历、事情，而不是“你行不行”“你可不可以”或者“如果是你你会怎么做”。

第二，要通过他说的内容，来敏锐地察觉其中哪些是真实的、哪些是虚假的，以及哪些是有失偏颇比较主观的，哪些是足够客观的。

然后，再判断哪些是能证明能力的。这个会被很多人忽略。比如你想观察他的管理能力，结果他说着说着讲了很多团队在产品中的创造力和执行力，其实并没有提到管理的细节，这也是不能作为佐证的。

第三，有头无尾，或者没头没尾的描述，是没有价值的。“效果很好”“产品很优秀”“得到了老板的肯定”都是很不具体的，“增加了 24% 的日活”“入选了年度十佳 App”“是团队奖金最多的”是具体的结果。

好了，这样我们就把描述的信息跟技能和能力挂钩了。

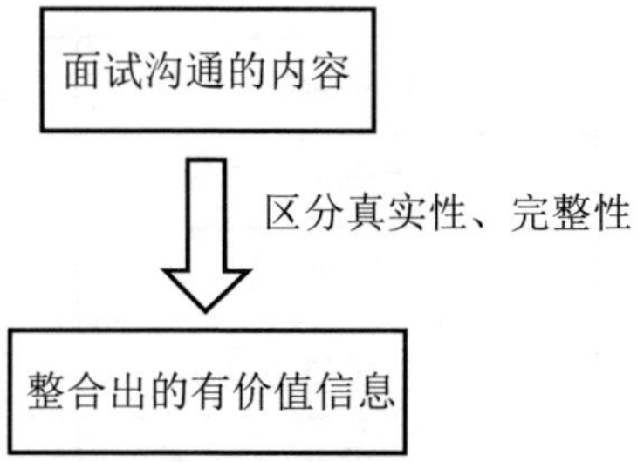

接下来，就是通过信息，结合之前列出的标准，做最后的判断。

做最后判断时，只需要注意一点：不同的技能项或者能力项的权重是不同的。

比如你要招聘的是更偏向于用户体验方向的产品经理，对设计、审美、需求这方面的要求更高，权重就可以设置为：

类别	单项	权重
工作经验	需求分析	4
	产品设计	4
	项目跟进	1
	行业知识	2
个人能力	信息敏感	3
	逻辑分析	4
	沟通	1
	性格	3
	审美	4

如果招聘的是偏向于项目管理的产品经理，那大概是另外一种方向：

类别	单项	权重
工作经验	需求分析	2
	产品设计	2
	项目跟进	5
	行业知识	3
个人能力	信息敏感	2
	逻辑分析	3
	沟通	4
	性格	5
	审美	1

用你给应聘者的评价，乘以权重系数，得出来的最终分数，就是你对这个人

的评分。

尤其是当你手里拿着一大堆简历，做了很多次面试之后，你会发现单纯从“面试的时候印象还不错”这样的方面考察，根本不能做出很好的判断。

总结起来，就是这样：

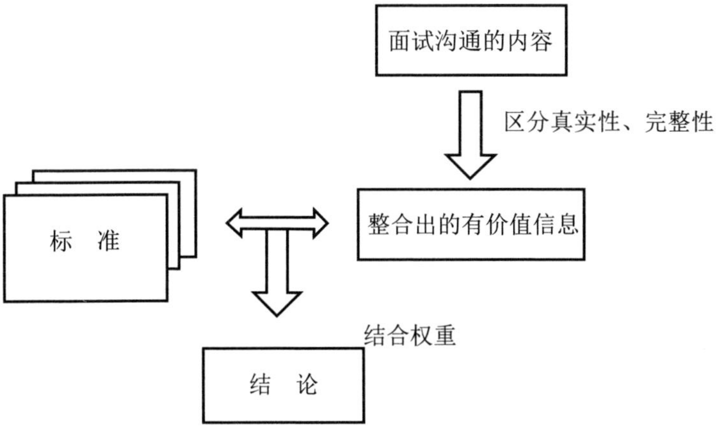

第五章　创业中的产品经理

关于“有了一个点子该怎么做成阿里巴巴”的提问在知乎上从来没有间断过。不懂得一个企业经营之道的大有人在，更不用说他们也同样不懂得用户、不懂得产品了。

创业显然不是一件只拥有点子就能成功的事情，创业的复杂度比打工面临的工作内容要高出几倍，在创业中的产品经理也同样要面临巨大的挑战，面临着更大的风险。

创业公司产品经理怎么做?

你知道现在创业最常见的搭配是什么吗?

一个“有理想有情怀想成为下一个互联网龙头巨星，但不太懂 O2O 和 C2C 和 P2P 区别”的土老板，和一个“半瓶子晃荡只会实现功能，其他的版本管理、逻辑优化、结构设计等听都没听说过”的技术团队，再加一个“‘未来我肯定是要成为 CEO 的男 / 女人’的觉得产品设计就是画原型图的”产品实习生。

如果你是这样的产品经理，在这样的团队里，那下面的内容就不用看了。最有诚意的建议是：先去靠谱的地方学学怎么做产品。

那么，如果你是相对有经验的产品经理，在创业公司里，应该要注意哪些事情呢?

1. 严格把控需求，拒绝“墙头草”

需求简直是创业团队，尤其是早期创业团队最要命的东西。

就像题主说的，“老板对业务干预度高，销售人员觉得产品不作为，技术人员觉得产品节奏太快”，绝对是每个创业团队的经典面貌。

所以，把控需求是当下最重要的事情。

把控需求不是说“推掉所有比较难的需求”，也不是“接受所有重要的需求”，而是要花大量的时间，搞清楚几件事：

每个需求的来源，背后的逻辑是什么（不管是老板还是其他部门）？

所有需求中，哪些是最重要的?

每个需求的实现方案，到底有哪些?

根据目前的需求重要程度和实现困难程度，下一步到底该做什么?

只要是需求有来源，那你就能问得出，这个需求的原理在哪里、道理在哪里。

对于需求的重要程度，一定要从需求方的角度考虑问题，作为产品经理，不要偏袒技术人员，觉得难就不管了。

比如，运营部门那边急需一个后台可以封禁关键词的功能，的确很难，但如果你没做，可能产品第二天就被勒令下架，可能公司要被调查，这件事的严峻程度就不用多说了。

同时，对于同样的需求，并非只有一个解决方案。

比如，要做一个后台对某些用户数据的统计功能，这个功能的做法有很多种，呈现的方式不同，功能复杂程度也会不同。

简单的统计用户数据是一个方案，在统计用户数据上加入趋势图是一个方案，在统计用户数据上加入各种筛选条件又是一个方案。

并非有了需求，就有了功能。功能是需要根据当下的状况设计的。

好了，下面教给你一个特别简单的方法，注意，干货预警。

想象你现在是嘟嘟美甲的产品负责人，你打开了 Wunderlist 中的需求列表，发现所有需求有以下这些（当然这是虚构的，真实情况下数量可能是 3~4 倍）——

来自老板：

实时记录美甲师的所在位置；

首页有点杂乱，不够简洁。

来自运营：

要统计用户对每个 banner 的点击率；

秒杀功能（运营部门总监："下周就要做活动，通知发出去了，必须做。"）；

需要提供给用户在线改单的功能（比如换样式，补差价）；

提供私人订制的功能（包括用户上传图片、美甲师提供参考价、双方确认等步骤）。

来自产品：

用户下单时，支付失败后需要重新下单，不能继续支付，要改正这个问题；

下单步骤要跳转太多页面，应该集中在一页输入信息；

根据关键词筛选样式的功能。

好了，首先，我们把标题简化成几个字，然后把重要程度标记下（按照 P1、P2、P3 来），顺便也把重要的原因写清楚。

记录所在位置：P1（记录所在位置是为了防刷单，不然公司损失巨大）；

首页简洁：P3；

banner 点击率：P2（对运营部门安排活动有重要作用）；

秒杀功能：P1（通知已经给用户了，必须做）；

在线改单：P2（现在是人工后台改单，特别不方便，消耗大量人力成本）；

私人订制：P3（订制用户较少，不着急）；

可继续支付：P1（体验巨差，无法忍受）；

简化下单步骤：P2（大大提升体验，但目前可以接受）；

筛选：P3（目前的分类功能比较完善，筛选是补充）；

我们用图表表示：

P1	记录所在位置； 秒杀功能； 可继续支付
P2	banner 点击率； 在线改单； 简化下单步骤
P3	首页简洁； 私人订制； 筛选

下一步是直接开发吗？当然不是。

根据目前我们的需求和你预想的功能，跟开发团队讨论执行的难度。同样地，实现难度也做一次标记（分别是 D1、D2、D3，D1 是最容易实现的）。

记录所在位置：D2（记录所在位置比较麻烦，服务器有负担）；

首页简洁：D3（排版布局会耗费大量时间）；

banner 点击率：D1（注入 log，很简单）；

秒杀功能：D3（逻辑特别复杂）；

在线改单：D2（功能交互比较复杂）；

私人订制：D3（功能交互复杂）；

可继续支付：D1（页面改动少，主要是调试接口）；

简化下单步骤：D2（功能交互比较复杂）；

筛选：D3（后台逻辑需要做大的改动，数据处理也很麻烦）。

好了，是不是现在也要做个表格？不着急。

现在是特别关键的一步：跟需求来源方核对需求。其中最重要的一件事是“跟需求方确认当前的需求，有没有其他方案能够实现”。

讨论的结果是老板对于实时记录所在位置的需求，可以改为每 15 分钟记录一次。

秒杀功能可以分为两个版本，简单的是后台直接修改价格，秒杀的量够了后再修改回来，这样客户端不需要做改动，称作简单秒杀；复杂版本是后台可以控制秒杀款的起止时间和价格，称作复杂秒杀。

那么刚才的列表就变成了：

记录所在位置：D1；

首页简洁：D3；

banner 点击率：D1；

简单秒杀：D1；

复杂秒杀：D3；

在线改单：D2；

私人订制：D3；

可继续支付：D1；

简化下单步骤：D2；

筛选：D3。

图表就是：

D1	记录所在位置； 秒杀功能； 可继续支付； banner 点击率
D2	在线改单； 简化下单步骤
D3	首页简洁； 复杂秒杀； 私人订制； 筛选

下面，我们把 P 序列和 D 序列做成矩阵图。

	D1	D2	D3
P1	记录所在位置； 秒杀功能； 可继续支付		
P2	banner 点击率	在线改单； 简化下单步骤	复杂秒杀
P3			首页简洁； 私人订制； 筛选

这样，你就知道该做哪一步了。

一般来说，推动开发的顺序是这样的：

	D1	D2	D3
P1	①	②	⑤
P2	③	④	⑦
P3	⑥	⑧	⑨

2. 捋顺产品思路，拒绝不合理需求

在早期创业过程中，捋顺产品思路是产品经理当仁不让的事情，尤其是在老板不懂产品的情况下。

很多朋友问我，总觉得老板拍脑袋定的方法不对，但说不出来哪里有问题，该怎么办?

问题其实还是出在产品设计的思路上，因你自身的经验所限。

有一本书特别重要，建议每个产品经理翻阅：《用户体验要素》。

当然，没读过没关系，你可以接着往下看。

其实道理特别简单，看我画的这张图就明白了：

视觉层	UI 设计 视觉展现
框架层	界面展现 布局和引导
结构层	基本构架 交互设计
功能层	用户需求 功能设计
战略层	产品定义 市场定位

自下向上设计的思路是所有产品设计中最重要的。

比如，我们做个产品——一个讲故事、说体验的知乎。我是这么描述它的市场定位的：目前知乎的主要定位还是分享干货、解决具体问题，但其实像大师兄、梁边妖、肥肥猫等老师写的东西大都是故事和体验。所以可以有这样一个区别于知乎严肃、严谨、严格的定位，做一个类似轻松愉快、讲各自在某个主题下的体验的平台。

这样的产品定位，用一句话就是：讲故事、说体验、写段子的问答社区（或者内容分享社区），山寨版知乎。

然后，我们要探讨做成这样一个社区，要满足怎样的需求，需要什么样的功能。

对于读者来说，核心的需求是获得乐趣或者实际经验；对于写作者来说，是成就感、个性品牌输出以及更实际的收益。

基于这样的需求，我们进一步推导出需要什么样的功能——

读者：发现（热门、精选、搜索、自定义关注、个性化推荐、收藏等）；阅读；评价（喜欢、感谢、评论）。

写作者：写作（发现问题、编辑写作、邀请）；积分或者奖励机制；个人页面（介绍、历史回答时间线、更多展示）；专栏；IP 输出（电子书、剧本、出版物等）。

考虑到这里，作为生产内容的产品，其实我们还能想象到有一批潜在用户，就是 IP 接收方。

IP 接收方：获取 IP 内容（故事、段子、剧本等）。

现在跟知乎有点不同了吧？

再往上一个层次是结构层，要考虑基本的交互逻辑了。

既然整个产品的逻辑都是围绕着内容的，那我们就以“文章”作为核心点，去展开具体的逻辑。

下图是对“写作者”来说，到达文章的页面路径：

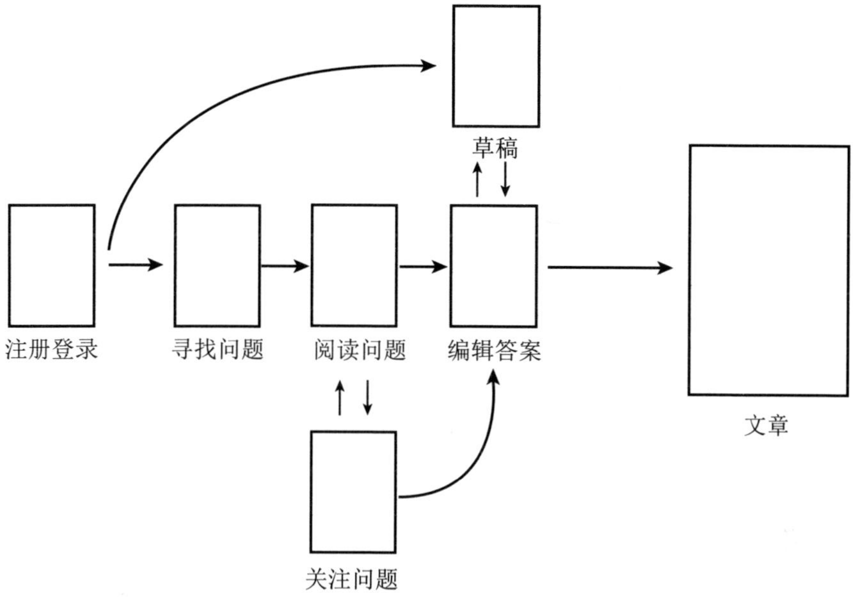

下面是对读者和 IP 接收方来说，到达文章的页面路径：

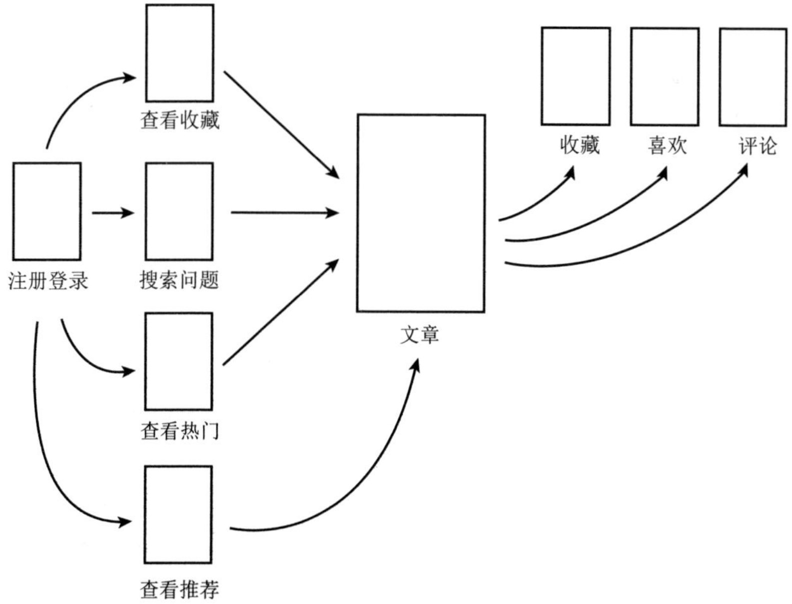

这两个图只是简单的例子，具体肯定会复杂十倍，就不赘述了。

再往上两个层次，在这里就没法展示了，而且我也不准备介绍，因为这两层往往是大家特别熟悉的，比如页面动画、布局排版、视觉设计，每个人都能说出一堆自己喜欢的 App。但在创业公司中，老板和产品经理常常忽视下面的这三层。

没有基础，上层建筑怎么可能稳固呢？

好了，现在假设这五个层次的内容都丰富完善了，大致是这样的：

<table>
<tr><td>视觉层</td><td>UI 设计
视觉展现</td><td>视觉设计</td><td>视觉设计</td><td>视觉设计</td><td>视觉设计</td><td>视觉设计</td><td>视觉设计</td><td>视觉设计</td></tr>
<tr><td>框架层</td><td>界面展现
布局和引导</td><td>界面设计</td><td>界面设计</td><td>界面设计</td><td>界面设计</td><td>界面设计</td><td>界面设计</td><td>界面设计</td></tr>
<tr><td>结构层</td><td>基本构架
交互设计</td><td>页面逻辑</td><td>页面逻辑</td><td>页面逻辑</td><td>页面逻辑</td><td>页面逻辑</td><td>页面逻辑</td><td>页面逻辑</td></tr>
<tr><td rowspan="2">功能层</td><td rowspan="2">用户需求
功能设计</td><td>发现</td><td>阅读</td><td>发现</td><td>编辑</td><td>个人品牌维护</td><td>发现</td><td>与写作者合作</td></tr>
<tr><td colspan="2">读者需求</td><td colspan="3">写作者需求</td><td colspan="2">IP 方需求</td></tr>
<tr><td>战略层</td><td>产品定义
市场定位</td><td colspan="7">讲故事、说体验、写段子的问答社区（或者内容分享社区）</td></tr>
</table>

未来每个需求，不管是谁提出来的，都可以从这里面找到它的位置。

如果它是悬空的，没有底层的支持，或者没有这个需求，或者并不符合我们产品的定义，那这件事就是错的，这个需求就是不对的。不管这个需求看起来多高科技、多酷炫。

比如，老板跟你说，哎，我觉得咱们这上面可以加个卖书的功能。你看我说得有没有道理：第一，这些用户都是爱读东西的，那肯定爱读书；第二，我们可以提供给书点赞、给书评论的功能，还能让大V们去写书评，让大家讨论起来；第三，这个功能是可以直接变现的。

乍一听你会觉得有些道理，尤其是如果这个老板能言善辩，会集中某个点把你说得心悦诚服，根本找不出漏洞。但作为产品经理，你首先要从产品角度考虑问题。

这时候，你就掏出这张表格来，说："卖书跟我们产品目前的设计有什么关系呢？从根本上说，这不符合我们的产品定义，也不是我们的目标人群，爱刷答案的确实爱看书，但未必会买书吧？而且买书为什么不在书店或网上买？非要在我们这买？我们是比他们便宜，还是比他们质量好，还是比他们送得快呢？

"另外，核对下目前我们做的用户需求，没有一条是能够用卖书来满足的，也就是说，即便我们确定要做这样的产品，也是要重新规划用户需求的，我们是完全开辟了一个新的产品线。

"所以从整个逻辑上，你说的即使都对，我们也是在做一个新产品了，反正在现有的产品里，是不能随便做的。"

如果这个老板逻辑清楚，他应该会很快明白你的道理。

再举个真实的例子。

之前有个朋友的旅游项目，是卖境外游路线的App，主页就是各种境外游的展示页。但他们老板觉得活跃度不够，想了想，决定在第二页做电商，用卖签证业务、卖随身Wi-Fi来吸引用户。现在他们又在考虑通过有趣且精美的攻略和游记，吸引用户。

你能看出问题了吗？

这些功能看似都是面向同样的用户，境外游游客当然既需要买路线，又要办签证、买随身Wi-Fi，还要看攻略游记以作为参考。但是这根本是三种需求！

简单用图表表示，大概是这样：

<table>
<tr><td>视觉层</td><td>UI 设计
视觉展现</td><td>视觉设计</td><td>视觉设计</td><td>视觉设计</td><td>视觉设计</td><td>视觉设计</td></tr>
<tr><td>框架层</td><td>界面展现
布局和引导</td><td>界面设计</td><td>界面设计</td><td>界面设计</td><td>界面设计</td><td>界面设计</td></tr>
<tr><td>结构层</td><td>基本构架
交互设计</td><td>页面逻辑</td><td>页面逻辑</td><td>页面逻辑</td><td>页面逻辑</td><td>页面逻辑</td></tr>
<tr><td rowspan="2">功能层</td><td rowspan="2">用户需求
功能设计</td><td>发现</td><td>支付</td><td>发现</td><td>支付</td><td>阅读</td></tr>
<tr><td colspan="2">购买路线需求</td><td colspan="2">购买随身 Wi-Fi 需求</td><td>阅读攻略
需求</td></tr>
<tr><td>战略层</td><td>产品定义
市场定位</td><td colspan="2">境外游路线电商</td><td></td><td></td><td></td></tr>
</table>

有的创业者确实会天真地以为，平台圈起用户来，总是有利可图的，管什么需求分析呢。

可是你通过卖随身 Wi-Fi 圈起来的用户，也许大量都是自由行、从来不购买路线的，那这些用户怎么可能会被引导到你的主要产品上呢?

再如阅读一次游记就感觉像出了趟国的，看完也就看完了，为什么要去买你的路线?

3. 成本最低的方式给用户解决问题，拒绝不切实际

做任何产品的初衷都是给用户解决问题，如果你把用户当傻子，想通过投机取巧的办法成功，那你早晚会傻眼。

比如，用砸钱的办法让用户去用他们并不需要的产品。

如果没有体会，你可以中午或晚上吃饭时间到望京 SOHO 跟麒麟社之间，或者到中关村创业大街附近转一转。你拿了很多传单和礼品，你下载了很多 App，关注了很多公众号，现在告诉我，有几个是你真正需要的。

烧钱总会带来用户。但有多少用户是不烧钱了之后还会留下的？

企图用高频需求拉动低频需求，用刚需拉动非刚需，是不实际的。

就像刚才境外游的那个例子。你可以用很多办法做好一个功能，比如你成了随身 Wi-Fi 的全国第一，然后呢？如果你的路线做得不好，那仍然没有人会在你这里买路线啊。

你用这种做另一个功能、满足另一个需求的方法去拉动核心功能、满足核心需求，就相当于做了个产品 B，在上面挂了产品 A 的广告。

在初创期，当每个人都心思活络，每个人都天马行空的时候，一定要时刻谨记用户的需求是什么。做产品不是件有趣、好玩、瞎折腾的事儿，它是需要你冷静下来思考，并且一切为用户着想的事儿。

另外一点，成本低的意思是，没必要一下吃成胖子。

比如做境外游，那就把路线这点做得特别好，页面可以很简陋，但好用，支付不出问题、流程完整。相比杂糅了很多社交功能、游记功能、画面做得酷炫，但是用户连在线支付都很难顺利完成的产品，要靠谱多了。

最后一句，对任何功能都要足够慎重，对所有用户都要心存敬畏。

4. 尽力做好团队润滑剂，拒绝无尽的争执

创业期间，不同的需求方和承接需求方都难免会有各种争执，但不要让它无休止地进行下去。

不管是跟别人的争执，还是参与了别人的争执，记住几点就行了：

任何时候，注意讲话的语气，并且建议其他人注意讲话的语气；

就事论事，不要人身攻击；

就事论事，不要提及之前的琐事（“你就是不做我的需求，上个月那个就死活不给我做”）；

尽快找到解决办法，不要僵住；

有大家认同的解决办法之后，必须遵从；

有必要的话，多安抚从局势上来说比较吃亏的一方。

总之，千万不要跟老板一摊手：他们谁都说不过谁，我也不知道咋办。

而是当老板过问的时候，你有自信地说：刚才是有点问题，不过已经解决啦！

创业的第一步是什么?

1. “点子”到底是什么

1.1 点子到真正投入市场运作的项目，还有一万步要走

我出的一本产品经理方法论的书，名字就叫《从点子到产品》。我期望形成这样的印象：点子和产品本身，中间有很远的路要走。不仅要有大量的方案设计、功能探讨、研发测试，还要有产品模型、商业模式、目标用户的设定等。

但到产品做出来，也仍然不是结束，有的团队比较天真，铆着劲儿用三个月的时间把产品做完了，扔到应用市场上，或者发几条朋友圈、微博，然后天天在办公室里抽烟焦虑。“这么好的产品怎么没人用呢？”这是压根就不理解产品运营、市场推广的情景。

因此创业的第一步，不光要想出一句话的点子来，还要把要做的一百件事情都想明白。这样点子才真的有可行性。

1.2 点子不能申请专利

为什么一个点子不能申请专利？因为如果国家保护这种创造性的想法的话，全国目前最富有的人不是企业家，而是科幻小说家。

实际接触过专利的同学都知道，技术实现，方案才能申请专利。还有的同学藏着掖着不愿意跟投资人讲，说要对点子进行保密，我觉得还是省省吧。现在百度、

阿里、腾讯的产品和他们的运作方式，像产品功能、用户体验、规章制度、协作流程、运营方法等，都是公开的，你就能照着做出一个来吗？如何经营公司、把握用户、让机器运转起来，才是他们的核心竞争力。

Fenng 在知乎上点评一个关于点子的问题时就反讽说：薯条卖得好，就是麦当劳。天下点子有难易乎？

1.3 很多人的点子只是粗浅的模仿

以下的这些案例真的不是夸张，是我自己或朋友亲身经历的。

朋友 A 说，音乐培训行业 + 社交，肯定能火。让所有音乐老师、乐器卖家、音乐爱好者和学音乐的学生，形成一个良好的生态圈。

朋友 B 说，图书行业 + 社交，肯定能火。让所有出版社、书店、文艺青年，形成一个良好的生态圈。

朋友 C 说，校园快递 / 外卖 + 社交，肯定能火。让所有校园兼职送快递 / 外卖的学生和收快递 / 外卖的学生形成一个良好的生态圈。

朋友 D 说，便利店 + 社交……

朋友 E 说，医疗 + 社交……

看似很新潮的方向，究其根本，无非都是塞进去私信、评论、IM，做点社区、问答、直播。从真正意义上的点子看，都是粗浅的模仿而已。（当然并不是说凡粗浅模仿的点子都不对，而是大多数人想到这个点子就容易兴奋，认为这是自己的核心竞争力，走遍天下都不怕）

这样的例子在“共享经济”这个什么都能装的筐里，最是明显。朱啸虎曾经说过，甚至有创业者堵在他的办公室门口想劝他投共享雨伞。

敢把图书馆硬说成全球首家共享书店的，也真是不把脸皮当回事儿了。

2. 什么才是完整的点子

2.1 创业项目模型

接下来就是我想说的重点了：点子也有不同的层次，点子也分完整不完整。

我是在在行上见过了许多创业者，才意识到这个问题的。许多朋友对点子的认知比较简单，同时也把处于不同层面的点子，当成核心的基础。

这是我自己总结的创业层次模型。想创业，要对这些层面的方案做自下而上的考量。

品牌层：公关、媒体、企业文化……
市场层：推广、营销、销售……
运营层：拉新、促活、留存、唤醒、管控……
产品功能层：基本功能、结构框架、交互、视觉、体验……
商业模式层：盈利方式、市场状况、用户生命周期价值……
产品模型层：运转逻辑、用户需求、核心功能、可行性……
战略层：公司定位、行业判断、基本策略……

这里说得比较抽象，换种更容易理解的说法，这个模型每个层次的目的是这样的：

品牌层：怎么维护在用户心中的形象
市场层：怎么接触到更多客户
运营层：怎么连接和维护用户
产品功能层：解决的具体流程和方法
商业模式层：解决问题能怎么赚钱
产品模型层：怎么解决这个问题
战略层：要解决什么用户的什么问题

这个层次未必是完美对应所有互联网公司的，层次关系也未必是完全自下而上的（比如有时业务导向的产品，产品功能是为运营服务的），不过已经能够描述大多情况下公司从点子到最终结果要经历的路径了。

一般作为“点子”来说，底下三层才是创业时最先要捋清楚的。而大部分的点子，确实也是在这几个层面。

也正因为如此，BP 里也都是对这三层重点着墨的。

下面的几个例子，也都是我亲身接触到的。

2.2 陪游的项目

我之前设想过这样的一个旅游项目，当然现在也已经有几家在做类似的事情了。

战略层：这个项目的场景是，有些相对有个性需求的用户，比如年轻人，在去陌生的地方旅行时，希望有些不太一样的体验。众所周知，现在国内的旅游景点相当雷同，都充斥着小商品和铁板鱿鱼，公园看起来也差别不大。怎么才能体验到当地人最有特色的生活环节？这是一个主要的需求，也是要解决的问题。

产品模型层——

供给方面：在当地招募一批有想法也爱玩的年轻人，让他们整合出一些碎片化的旅游体验（而不是像旅行团那样几天几夜都完全安排），小到半小时，大到半天，可以去一些特定的场馆、餐厅，参与一些特殊的文化体验、体育活动。分为陪游和无陪游两种。陪游的，比如在巴黎街头摄影留念；无陪游的，比如日本深夜食堂初体验。

需求方面：针对年轻的游客，比较爱自由的、从来不跟团的，在生活品质上有一定要求的，在消费上也不会太拮据吝啬的。

供给需求的平衡：游客为这些个性化的碎片体验服务支付费用，为免费场所的体验服务支付陪游费用，收费的体验服务支付给商家。

商业模式层：平台赚取信息撮合、体验包装的差价，也就是抽成。

现在看来，有些想法相对比较不成熟。但即使不是一整套马上可以执行的方案，至少算得上是一个“相对完整的点子”了。

品牌层：怎么维护在用户心中的形象	
市场层：怎么接触到更多客户	
运营层：怎么连接和维护用户	
产品功能层：解决的具体流程和方法	
商业模式层：解决问题能怎么赚钱	● 抽成
产品模型层：怎么解决这个问题	● 提供个性化碎片体验
战略层：要解决什么用户的什么问题	● 年轻人旅游

2.3 共享游戏的点子

有个朋友向我描述过这样一个点子：

现在每个主机游戏的玩家，游戏盘、游戏碟、游戏卡大都是有流动性的，因为游戏玩过了就再出售给别人，这样不会浪费。

因此，可以做一个共享游戏的平台，给这些玩家用。大家来这上面卖自己的游戏，以及买别人的二手游戏。

这是他的核心想法。基于这个，他又描述了一个想法：

我觉得可以用积分的形式，来约束大家。我卖的游戏直接赚取积分，积分多了就可以买别人的游戏。就跟其他产品的积分商城一样。

接着，他又做了补充：

朋友圈是个好地方。我想做一些好的朋友圈分享功能，来激发大家熟人关系里的类似需求。

他甚至还画了一个很完整的产品功能的逻辑导图，密密麻麻的。

在他看来，或者在很多人眼里，这已经是个完整的点子了吧？虽然称不上是可操作的方案，但作为点子它没什么问题吧？

问题还是很多的。

我们总结上面的几项中心思想：

针对主机游戏的玩家；

大家在平台上买卖二手游戏；

积分的形式作为交易货币；

朋友圈作为主要传播渠道。

看起来也没什么，我们放到模型里去。

品牌层：怎么维护在用户心中的形象
市场层：怎么接触到更多客户
运营层：怎么连接和维护用户
产品功能层：解决的具体流程和方法
商业模式层：解决问题能怎么赚钱
产品模型层：怎么解决这个问题
战略层：要解决什么用户的什么问题

- 朋友圈传播
- 积分
- 效益
- 信息撮合
- 主机游戏的分享

战略层是有描述了，但是从产品模型上来说，这个平台的价值在哪里？只是做信息撮合吗？跟闲鱼的区别是什么？跟58同城的区别是什么？跟淘宝的区别是什么？用户能够用大平台解决问题，为什么要用你的平台？

商业模式上，怎么赚钱？

朋友圈传播只是渠道而已，不构成产品的核心价值。谁还不能在朋友圈传播呢？

积分这种功能的价值何在？用户为什么不卖成钱，退而求其次想要换成积分？用户为什么要减少自己的收益？

这还只是在最基本的产品点子上来说，如果再往如何获取流量、如何运营看，更是有无穷的难点和没想清楚的地方。

2.4 可回收垃圾的点子

还有个朋友，她对点子的描述是：

现在塑料瓶、玻璃瓶、各种饮料包装、快递包装等，这些可回收的垃圾，非常不环保，也很浪费。我想在人群集中的地方，设立一些回收站点，可以支付一定的费用给用户，以及给他们环保上的一些激励。这件事做成，还是很有商业价值的，也很有社会意义。

她的补充是：

人群比较集中的地方，我们最开始关注的还是校园。一方面校园的人群非常密集，另一方面学生的环保意识比较强。

还有一个补充，几乎跟刚才的朋友如出一辙：

我们可以先不给用户钱，给他一定的积分。到时候用积分去换取各种商品。这些商品我们可以跟商家谈。

她的中心思想是：

可回收的垃圾既有商业价值，又有社会意义；

校园是个靠谱的场景；

积分是吸引用户的手段。

同样地，放到模型里去看：

品牌层：怎么维护在用户心中的形象	
市场层：怎么接触到更多客户	● 校园
运营层：怎么连接和维护用户	
产品功能层：解决的具体流程和方法	● 积分？
商业模式层：解决问题能怎么赚钱	● ？
产品模型层：怎么解决这个问题	● ？
战略层：要解决什么用户的什么问题	● 钱？环保？

目标用户到底是为了赚钱，还是为了环保？这两类用户的需求完全不一样。即便有人同时有两种需求，在这两个需求上他们的问题也完全不同。

产品模型上，从供需匹配的角度看，用户为了收集和投递这些可回收的东西，要花费的时间精力，是否能跟最终的收益成正比？这点非常存疑，大学生出去发传单的收益可能都要比它多出几倍。

商业模式里，单价如此低（几分钱到几毛钱），即使量非常大，能产生的商业价值有多少？

跟共享游戏同样的道理，作为积分，它的意义在哪里？

校园只是设想了一个场景，也代表不了什么。

当然，这些是作为商业项目来看的，公益项目就完全另说了。

2.5 确保点子的完整性

举了这几个例子，可能就更清晰了。完整的点子意味着产品模型和商业模式已经心里有数，而在动工之前，上几层的大概方案也都应该有板有眼了。

很多人，比如题主说："我有个点子，我该怎么做产品呢？" 实际上有的还只是最底层的模糊看法。甚至有很多人的点子还是在市场层面、运营层面的一些小想法（比如积分），把这些理解成点子，那就无怪乎后来做的产品奇奇怪怪、没有重心，也没有用户了。

这就好像产品经理都很熟悉的用户体验的五层模型，如果底层的逻辑没考虑清楚，只关注上层的光鲜亮丽，那就是空中楼阁了。除了跟朋友炫耀，没别的用处。

要始终记得，我们创业项目提供的产品或者服务，是为用户解决问题的。解决的根本问题、如何解决问题，就是产品模型；怎么让盈亏平衡，而不是变成纯粹的烧钱做公益，这是商业模式。这些做得足够好，项目才有可能推动下去。否则，再怎么推都没有用。

对于这个事情的验证，大家完全可以随便找一个成熟互联网公司的高阶产品经理或者运营专员，让他们把自己的产品在这个模型里的内容填写一下。每个人肯定都能填得非常清楚。

而你找那些创业咖啡厅、创业车库、创业培训班里的项目，让他们的创始人填一填这个模型，保守估计也有一多半根本写不出来。他们能写的还是零散的点，以及那种有琳琅满目功能的产品脑图和未来愿景。

3. 怎么完善自己的点子

这里就把我在自己书里写的内容展开，简要说一下怎么完善点子。

3.1 先想清楚用户是谁

用户是谁非常重要。很多人想点子只是觉得，“我的产品设想的体验，比原来的好”，然后就推理出来“用户没道理不用啊”。

说实话，只是做出“产品优化”离把所有用户都吸引过来还远着呢。

举个简单的例子，你是一个开发搜索引擎技术的奇才，你自己开发了一个搜索产品，准确率比百度都高，我们说得夸张点，准确率高出整整 20%！那么是不是你的产品上线，第二天百度用户就全部转移，百度当场倒闭，大家叫好？

显然不是啊。用户要转移，是有巨大的成本的，尤其是对于巨头平台所拥有的那些用户来说，百度提供的不仅是“搜索准确率”这么一个保障，还有大量的其他功能。除非你在各方面做得都比百度好，那这样的成本不亚于重新做一个百度规模的公司。

因此判断清楚用户是谁意义重大。关键点在于：

用户是谁？是什么样的属性？

用户有多少？

而这两点就衍生出来更多——

用户现在是怎么解决你准备解决的问题的？

用户要转移到你的平台上，要花费多少成本？

用户愿意在这件事上花多少钱？

……

不要只看事，不看人。最后，任何商业项目，钱都是从用户口袋里出的。用户都不知道在哪里，那后面的几步问题就更想不清楚了。

3.2 产品模型的搭建

是否能够	提高或不降低效率	降低或不提升成本	提升或不破坏体验
是否合理	提供的可能	发生的场景	接受的意愿
是否存在	市场	需求	用户

我在书里用的是这种九宫格的检验矩阵，针对电商、O2O 这种与传统行业结合的市场会更有效果。

在做判断的时候，刚刚提到了用户，用户是基础，除了用户，还要看供给、需求以及供需发生的场景。像前面提到的，如果成本太高、收益太低，那么需求就会极小，用户就不会用产品；如果从供给上看，收益太低，这个模式也跑不通。

只要懂得经济学的一些基本原理，能简单画一画需求曲线、供给曲线，也就知道产品逻辑上的合理性了。比如滴滴快车的市场，司机能够接受多少钱的收入，就代表会有多少司机在平台上跑单；用户愿意付出多少打车费，就代表有多少用户在平台上叫车。这两个价格做不好匹配，订单价格的供需就无法均衡，订单量就会直线下降。

除了这种检验模型，也可以用任意的模型来考察自己的点子，在运转上是不是真的合理。不要想像小说情节、电视剧情节一样，那是上帝视角，让角色怎么做就怎么做；要想象是在真正生活的环境里，自己在此情此景下，会不会真的用这个产品。

太多创业者有盲目的自信。就像前面提到的可回收垃圾项目的朋友一直强调，在又环保又能赚钱的情况下，用户为什么不会做呢？我反驳她说，赚钱这件事，大家去做兼职比你这个赚得多；环保的话，大家去参加别的活动说不定更有效果。你这两件事都没有太大吸引力，结合到一起怎么就会有吸引力了呢？

3.3 商业模式的确定

说到底，做任何产品和服务，还是要赚钱。现在已经不是那个有流量、有用户就可以考虑圈钱的时代了，道理很简单，流量和用户都在 BAT 和第二梯队的大佬手里了，而且越来越集中，突破的机会非常渺茫。

赚钱的形式看似多种多样，但本质上主流形式就三种：

广告；

抽成；

增值服务。

到底赚钱的点在哪里，这是第一需要考虑的问题。接下来至少还要考虑几个问题：

用户愿意掏多少钱？

多少用户愿意掏钱？

收益能否支撑公司正常运转的支出？

这个也许在前期不太容易分析得太具体，不过模糊的判断还是做得出的。一个做几毛钱客单价生意的项目，跟一个做几百元钱客单价生意的项目，商业价值自然完全不同。

3.4 团队的评估

这是最残酷的一个步骤。因为许多创业者在创业的时候，会默认只要想得到，就能做得到。可事实情况一般是，想得容易、做得太难。科学家能分析原子模型、能做动力分析、能设计火箭，但他们不是工程师，只靠自己仍然造不出来。

在做了上述的各项分析之后，回过头来，就要看一件事了：我能不能行？或者换句话说，为什么偏偏是我？

比如：

我是否了解行业？

在核心竞争力上，我是否有优势？

相较别的创业团队，我是否能做得更好？

如果巨头也来做，我是否还有优势？

我能不能理清楚有关产品、业务、运营、市场的这些事情？

我理不清楚，我有没有能力找到对应的人来做这些事情？

……

有时看到一些外行组成的草根团队，的确有些心疼。因为我见过同样的团队也在做，他们是BAT背景的产品经理和工程师，有多年管理经验的创始人，也有行业内的专家。从整个世界运转的逻辑来看，后者获胜简直是毋庸置疑的。

所以，真的要起步，先真正认清自己、看清对手再说。

3.5 开始行动

等我说的这么多内容你都看得进去了、都真的搞清楚了，下一步就可以把你想清楚的所有内容写成商业计划书了。尝试着发给一些投资人（他们的联系方式大都会公开），然后碰碰运气。对于有经验的创业者，也许已经有做投资的熟人了。

如果全部石沉大海，那么就证明也许你背景太差，或者你的点子太糟糕。

仍然要孤注一掷试试这个点子，建议是：

不要随便辞职创业；

不要太看重勤奋、创意、机智这些才能，多关注脚踏实地的专业技能；

先从最小成本的尝试开始（要做相亲平台？先拉个单身微信群试试）；

不要拿家里的钱和自己的钱创业；

不要在团队没有一个称得上是内行的时候就启动项目；

切忌过分自信；

听从互联网从业者的建议，而不是身边朋友的建议。

创业者是否要对点子进行保密

点子在整个创业过程中的确重要，但如果不细化成可执行的方案，就等于白扯。而这一期我想跟大家探讨一个问题：有一个很好的点子，也确实可以执行了，那需要保密吗？

我们先来看一个问题：为什么保密？

保密的原因当然很简单：怕被抄。在力求保密的人心中，故事可能有这么几种：

A. 我想到一个别人都没想到的点子 -> 因为没保密，别人知道了，我还没做的时候他们做了 -> 我悲剧了；

B. 我想到一个别人都没想到的点子 -> 我开始做 -> 因为没保密，别人知道了，他们做得比我快 -> 我悲剧了；

C. 我的点子其实别人也想到过，但没人做 -> 我开始做 -> 因为没保密，别人知道了，他们做得比我快 -> 我悲剧了。

这样事情就简单了，我们来看看每种情况从逻辑上是否成立。

首先，A 情况下，这个点子别人一旦知道就慌不择路地开始做，而且仅凭这个点子本身就能赢过你，说明这是一个特别好的点子。

理由有三：

1. 它从来没被别人想到过，但却是好点子。这种点子已经绝迹江湖很多年了。我们可以看到的互联网产品，没有哪个不是有类似原型的，它们的成功大都在执行层面，或者有超强的技术，或者有创新的功能。

2. 它好到别人听说就想去做。现在创业团队可不是天天都在守株待兔等点子，他们都会锁定某个领域或者行业，寻找契机。如果一个点子能让他们立刻愿意去做，要么非常符合他们之前的思路，要么就是在层次上超越他们的想法，总之肯定是让人热血沸腾的那种点子。

3. 它在执行层面的要求不高。需要保密的点子往往是一句两句话就能说清的，如果是上百页的技术分析文档，那不用故意保密别人也很难有机会拿到或者去实现。所以只有这个点子是不需要对相关的行业领域、相关的细节层面有深入的理解的时候，它被别人听去才是很危险的。如果是这样，这个点子就太强大了，它可能会刚需到这个产品即使执行得不好，也会有用户拼了命地想用。

如果说符合其中的一条甚至两条，都是可以理解的，但你要说同时符合三条，这样的点子我是不敢恭维的。

B 情况下的点子也是类似的，在第二条和第三条上略有不同：

1. 它不一定是别人听说就会去做的，但别人可能看到你的产品雏形觉得很棒，或者认可你的团队，才决定去做。

2. 它在执行层面有一定要求，但别人可以仿照你的雏形来做。

所以在这种情况下，证明你的产品能力很强，或者你的团队很强。而如果别人能很快追赶上你，有两种可能：他们是垄断巨头，有大量资源；他们是在各方面都比你还优秀的团队。

对于前者来说，其实更习惯当你的产品火起来之后尽快模仿抄袭或者谈收购，而不太会在你刚起步时就贸然开始做，他们是最有恃无恐的；对于后者来说，上线前他们的仿造产品可能会很快超越你们，你这时候保密自然是安全的，但上线之后，还是会被迅速超越。

C 情况实际上更不会出现，除非你们团队是行业标杆，不管做什么，都有人关注。不然大家都想过的点子，凭什么你做了大家就来抄？

分析到这里，你可能觉得我是告诉大家没必要对点子保密。这是我起初的想法，但后来我思考之后，关于这个问题有这样三个结论：

1. 如果保密是有益的，那自然建议大家保密；

2. 如果保密影响到了项目正常的运作，那根本没必要；

3. 如果你觉得你的项目是只有在点子保密的情况下才能成功，那你的项目是特别危险的。

首先，如果你的团队确实很优秀，备受关注，或者说有可能被人关注，那在不影响正常项目运作的情况下，保密自然是有益的。比如我们在做现在的项目前，都是小米、锤子、微软、百度等公司的 PM、RD 或者 BD，不能说特别厉害，但在一干创业团队里也算是背景比较硬的，很容易被人关注，会让有些竞争对手提前警惕，会让很多在门外跃跃欲试的团队下定决心。所以在产品上线之前，我们很少跟互联网行业的朋友说起项目细节。

其次，有很多项目的正常运作是需要把产品的细节交付给别人的。比如前期团队人少，很多事情要请兼职或者顾问去完成，肯定要描述产品；有些前期运营、推广的准备，当然也要跟合作方或者种子用户交流产品。如果只是杞人忧天，为了保密这些事情或者不做或者做得太小心，反而会影响项目进度，得不偿失。再说回我们的项目，虽然很少跟别人聊，但在工作需要的时候，我们绝对不会藏着掖着，因为对我们来说，做得比别人好才是更重要的，而怕别人知道了做得比我们好则是次要的。

最后，如果沉浸在点子只要保密产品上线就能成功的想法里，实在太危险了。做得不好，即使上线别人如果模仿也分分钟赢过你；做得好，那就更不用怕别人知道赶超你了。

这还是在点子确实很好的前提下，而就我认识的那些小心翼翼、让人发三次誓才透露一点点细节的人，他们说的点子，没有一个让我觉得是有谱的。

说到这里，我再补充一点想法吧。很多人给点子赋予了很强的英雄情节和道德意义，究其原因就是励志故事里把创业者都描绘成了思想家，而把他们艰苦漫长的实现过程轻描淡写。在故事里，每次遇到困难，主角都是一拍脑瓜就想出主意来，轻松渡过难关；而主角被打败，往往是因为恶霸抄袭、巨头垄断。书里写的是灵机一动，但实际上可能是主角们三天不眠不休、综合了整个团队的执行力和可行性、整合了多年的行业经验才分析出来的；书里写的是因为对手抄袭导致用户流失，但却没有提到竞争对手绝佳的执行力和创新力。

创业不是英雄勇闯龙穴的故事，也不是正义战胜邪恶的故事。创业是大家辛辛苦苦经营一番事业，为用户创造价值的故事。懂得这个，也许就不会太看重点子了吧。

什么样的创业者不靠谱?

1. 心比天高型

一个哥们拿着一沓 A4 纸递给我：刘老师，我做了一个可以打败微信的 App，你帮我看下吧。

你有资金吗?

没。

你有团队吗?

没。

你有互联网经验吗?

没。我做销售的。

那这事儿你有什么把握能成呢?

因为全世界就我想到了这个基于场景社交的创意。这能颠覆微信。

……

2. 集体心比天高型

为什么你觉得你的这个创业想法一定行?

我跟身边所有人讨论过，他们都说好。

这些人里有做互联网的吗?

没有。

……

3. 乔布斯门徒型

飞哥，你帮我看看我们这设计有什么问题吧。发布好久了，就是没人用。

你们有用户数据吗?

没。

你们问过用户想法吗?

没。

为什么呢?

因为厉害的产品经理不是要把产品送到用户面前，用户才知道自己需要吗?问用户没用。这是乔布斯说的!

……

4. 辩论队选手型

你做的这个巨头们也在试呀。

哦!是吗!然后打开美团/大众点评/百度/QQ发现是真的。

所以还是算了吧。

不。我有应对办法，我可以去二三线城市做，这些巨头们看不上的。

巨头们看不上的地方说明现在用户量不大，本来就没市场啊。

不。随着社会发展，二三线城市的智能手机普及率已经很高了，肯定有市场的。

一旦有市场，巨头们不就又盯上了吗?

是的!到时候我们就可以被收购了!

……

5. 抱大腿天真型

刘老师，我这项目你觉得靠谱吗?

我个人感觉有不少问题，比如资金……

资金没问题的。我偷偷告诉你，我认识 ××× 老师。

哦。认识他不代表资金就没问题吧。不过假设资金真的没问题了，那你这个团队……

团队也没问题的。××× 老师那边也会给我资源。

哦。那假设都没问题，整个方案上还是有些缺陷……

××× 老师都说没问题了，他可是身经百战了，他看好的项目，应该不会错吧。

……那你找我干吗?

6. 五年之后型

你怎么确保这个项目能做成呢?

这个产品的市场在未来五年必定是国内大趋势，我有的是证据，各种政府政策，还有好多投资人的分析……

嗯嗯。了解。不过你怎么证明你可以做成这个项目呢?

因为我对这个趋势预测得很准啊。我可以跟你保证，五年后这事儿肯定是板上钉钉的，我有的是证据……

好的。关键在于你要怎么起步。如果五年后才是主流，现在用户市场都没有，你怎么办?

正因为五年之后是主流，我才要提前加入这个市场，做出这个产品，抢占先机。

但是现在很难吧，我都不觉得会有几个用户……

不不不，艰难的日子肯定会有。但等到五年之后……

7. 文艺青年型

你得把这个功能亮点体现出来啊，现在整体没有重点。

可是那样就不好看了……

那你这样（给他画了个草图）。

可是这样就没有格调了……

哦。那你能不能至少把这个文案改一改，原来的看不懂啊。

不行，改了就太俗了，没有自己的风格。

……

我不是投资人，也是创业者。我不嘲笑创业者的自信、梦想或者努力，我厌恶的是不尊重。

你从有些人眼里看不到尊重，他们觉得投资人人傻钱多、用户随随便便就能来、产品就是画个原型图、营销就是写个软文、团队只要够拼不够专业也可以。

创业，总得先学会尊重自己的梦想吧。

第六章　互联网通识与软实力

除了要具备基础的产品技能，作为协作型工种，产品经理通常还要了解协作方的工作内容，以及涉及产品方方面面的知识经验。我会用尽可能简洁的方法解释互联网产品的一些相关通识，比如数据的价值，或者产品经理应该怎样对待算法策略。同时，也会给出一些类似沟通这样软实力的成长经验。

大数据最核心的价值是什么?

从庞杂的数据背后挖掘、分析用户的行为习惯和喜好，找出更符合用户品位的产品和服务，并结合用户需求有针对性地调整和优化自身，就是大数据的价值。

对于大数据在商业上的用途，这句话说得很清楚。前半句是重点，了解用户的行为习惯和爱好，这就是大数据的核心价值。

1. 元数据（Metadata）的概念

简单说，元数据是对数据本身进行描述的数据，或者说，它不是对象本身，它只描述对象的属性。

比如，一幅画本身，是数据。而这幅画的作者、完成时间、尺寸、价格、类型等，就是它的元数据。

再如，你妈让你结婚，安排一位男士与你相亲。你并不认识对方，但你妈告诉你他的年龄、身高、体重、体貌特征、家庭背景、收入、爱好特长，你心里也就对他有了印象。即便你还不认识他。

元数据的价值，第一是能够从侧面描述对象，第二就是可以结构化、信息化。

什么意思呢?

比如，我们要判断一幅画的价值，除了可以请专家直接通过画的艺术性来评价，还可以通过元数据来判断。

这幅画是名家的还是二流画家的？这幅画是作者在他创作鼎盛时期的作品，还是在年轻时的作品？这幅画是作者擅长的类型还是他所不熟悉的？

用这些描述的信息，我们就能把这幅画的价值算得八九不离十。虽然肯定会存在误差，但也是科学合理的方法。

那用元数据而非数据本身描述对象的意义何在？

这就是在大数据上产生的价值。对于非结构化的、非量化的对象本身，结构化的元数据可以用以快速计算和判断。

比如，你妈拿了 100 个单身男的资料，你要是一个一个去仔细翻阅，那几天都翻不完。但你告诉你妈，高学历的可能意味着素质更高，高收入的可能意味着能力更强，所以先把低学历低收入的筛掉，剩下的再依据身高体重年龄这些信息排序，那效率就高得多了。

注意，这样的方法仍然会有失误，说不定真爱就在被筛掉的人里。但这样的概率微乎其微。

相亲里似乎还不太明显，但大数据在真正产品的应用中，产生的效果就天翻地覆了。

2. 大数据应用的第一阶段：辅助产品

最初的应用比较简单，就是用以辅助产品人员和市场人员做判断。

过去的实体产品做一次调研很麻烦。比如饮料公司，调研人员要用各种方式观看他们喝饮料的场景和步骤。

问卷是最常见的，但不准确。所以会组织各种各样专业的现场试验，要搭建环境（一般是有单面玻璃或摄像头的）、邀请志愿者，然后引导他们按照日常的习惯去完成一些操作。

比如通过摄像头监视观察室。

显然这种办法非常笨拙。

而现在的互联网产品则根本无须这么麻烦。用户所有的使用数据、行为，都是有记录的，想知道什么，瞬间就能分析出来。

过去想知道用户有没有做一件事，比如有没有用过这个功能？太难了。

现在呢，就问点击这个行为，点击了几下、点击在哪里，什么时候点的，甚至这是在什么地方点击的，点击之后又做了什么，一清二楚。

用户平时用不用这个功能、怎么用这个功能，也就一目了然了。

对于产品设计者来说，这是至关重要的数据。而且，这是完整的数据！如果是互联网产品，那么我知道的是所有用户的数据，不是过去传统行业产品的样本数据。

腾讯知道所有微信用户有多少用朋友圈、知道这些用户每天都发几条朋友圈、知道这些用户每天都发了什么。每个数据都是真实可用的。（过去发行量再大的报纸也很难知道读者性别，然而现在再小的微信公众号也可以实时获取。）

在实体产品的行业，随着未来整个产品从生产到销售再到使用的信息化，大数据也会渐渐起到更大的作用。过去卖一瓶水，可能到某个超市信息就断掉了，不知道这瓶水被谁买走了。但现在在天猫卖一瓶水，我们知道某个用户是每个月买十箱水的，他的地址是某个高档餐厅，那我们就知道这瓶水的目标受众是谁了。

这是元数据的价值所在。

所以说，大数据的第一阶段是辅助产品设计者做判断、让产品制造者更好地满足用户。

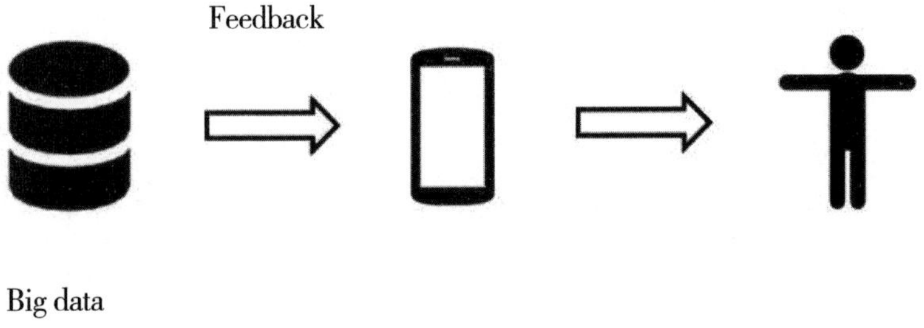

这时候的大数据主要是为产品提供支持，产品再应用于用户。

3. 大数据应用的第二阶段：创造价值

在数据的数量和质量达到一定程度后，事情开始变化了。元数据将不仅作为产品的辅助，还变成了最有价值的产品本身。

最简单的，全中国最熟悉老百姓消费习惯的是工商局吗？是哪个协会吗？是哪个科研机构吗？都不是，是淘宝。

拥有最全面的个人信用信息的，是人事局吗？是银行吗？是咨询公司吗？都不是，是支付宝。

道理也很简单，所有行为（消费、交易）发生在这个平台上，而这个平台又有所有数据的记录，这些数据就能产生巨大的价值。

你以为做医疗健康这方面的产品仅仅是关注你的健康吗？并不是，它们同时还能够记录你所有的体征，这是第一线的临床数据。

此时，大数据本身已经成为产品，可以输出有价值的内容。

消费行为数据卖给广告商，广告商就可以定向给你投送广告；信用数据卖给银行，银行就可以判断出你的信用程度；健康数据卖给保险公司……

近几年，互联网公司已经对全国各领域的市场给出最有说服力的统计报告了，这些之前可都是政府做的——

淘宝网发布中国互联网消费趋势报告；

携程旅行网发布《2014年旅游者调查报告》；

滴滴携两大机构发布首份智能出行年度报告。

不仅仅是将数据出售，数据提供的内容完全可以创造出新的产品。尤其像O2O这样的产品/服务，上游是服务提供者和资源，下游是用户，都有价值可以发掘。

以前做美甲的时候，我们设想的商业模式，有一项就是从上游了解美甲师用品的情况，跟生产厂家合作，把控渠道；另外就是从下游知道用户的情况，从而也能够跟其他美甲业产品合作（定向帮你把产品带到家里，河狸家其实已经在做），来让用户数据产生价值。

我之前听说饿了么在尝试一项新服务，就是为餐馆提供食材。乍一听有点怪，但后来想想的确是再合理不过了。除了饿了么还有谁更能清楚某块区域的餐品售卖数据呢？这地方萝卜白菜卖得多、有多少量，饿了么非常清楚，跟农场谈合作，可以很好地把控上游渠道。

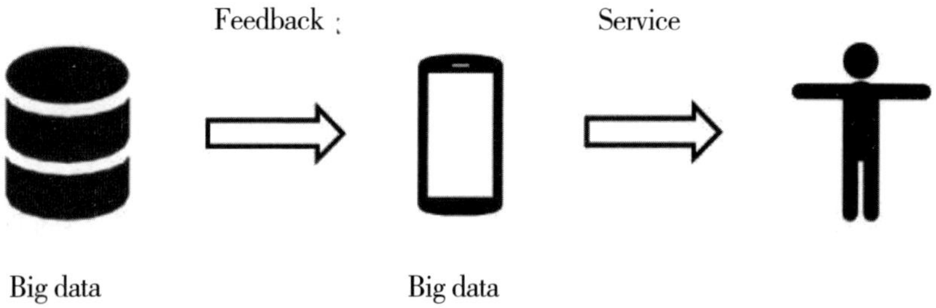

这阶段的大数据，已经可以成为产品，为用户直接服务。

从另一个角度看，不知道你有没有发现，通过我们这些行为的元数据，我们已经在慢慢被量化的信息描述出来了。看到这些数字（一年花了多少钱、在哪方面花的钱等）已经可以对这个人有相对粗糙的认识了。

而大数据最终的形态开始初现。

4. 大数据应用的第三阶段：塑造我们

我之前也总是对行为数据表示不屑。你知道我在淘宝买了点东西、跟谁微信聊了几句话、去百度随便查了点东西，就能知道我是什么人了？

还真的可以。只要数据保质保量。

我知道你一个月没买避孕套这两天突然买了三盒，那可能是你要跟异地的女朋友见面了；我发现你微信跟异地的某个妹子聊得特别多，还经常视频，那她大概就是你异地的女朋友；我了解你在百度一直搜东南亚的机票和旅行攻略，那我知道你可能要去那里玩。

根据这么简单的三条元数据，我们就能推测出来，在很大概率上，你最近要跟女朋友一起去东南亚旅行。

说实话，做这么基础的逻辑推断，比下围棋容易多了。

这就说明元数据能够推理信息的逻辑性。而可获取的元数据，也越来越多了。

你打电话时，可以知道你的通话对象。（妇科医生？要生孩子了。律师？最近有官司。）

你买东西时，可以知道你的消费能力、家庭状况、喜好甚至性格。（高端笔记本？爱玩游戏。蜡笔和简笔画册？家里有小孩。）

你出门消费时，可以知道你的生活习惯和个人情况。（健身房？应该很健康。）

你加别人微信时，可以知道你的社交圈子。（通信录里都是快递员？那可能你也是快递员。）

作为这些产品的数据的拥有者，我们完全不需要派私家侦探来跟踪你。只需要你自己乖乖把这些数据送上来。

春节期间，支付宝为什么要和微信争抢小额支付和社交场景的支付？不是为了那点手续费，就是为了它缺失的社交支付这一块。这块数据的价值，远超你的想象。

未来我们每个人的衣食住行、生活起居，都将有大量的数据记录。我们的行为会变成一串串数字成为可量化的数据，成为描述我们的信息。我们工作用云笔记、吃饭用饿了么、打车用滴滴、搜东西用百度、社交用微信，每一步都事无巨细被记了下来。

不信你可以翻出你历史所有在百度或者 Google 的搜索记录，对你生活的描述绝对比你自己的日记都要真实。

这些数据将被转换成有价值的商业数据，来描述你各方面的信息。你喜欢黑色的衣服、你喜欢身材好的妹子、你比较文艺、你有高度近视、你最近刚失恋……这些数据可能比你爸妈都要了解你。

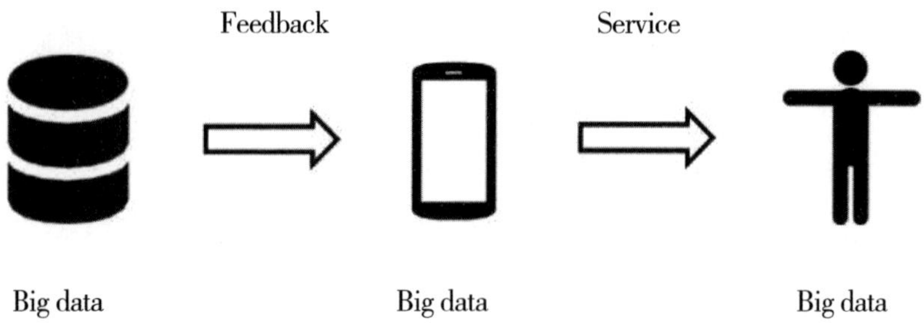

最终，我们本身就是可以被量化的大数据对象，不存在多层的逻辑了。

这样的未来自然有利有弊。利是我们无时不在享受着大数据带来的便利，我们看到的每条广告都会是我们自己偏好的；我们查的每条搜索记录都是根据我们的特点来推荐的；我们在加好友时系统甚至都可以提醒他是不是会跟我们合得来。

弊在于，我们的隐私暴露无遗。只要数据的拥有者想做点坏事，那真的是什么都有可能。

大数据绝不会止步于为决策仅仅提供帮助，它的终极形态就是可以用海量的数据描述我们一个个具体的个体。当达到这一步时，现在所谓的市场调研、用户分析就都是小儿科了。

因为，大数据已经完全能够塑造出我们了。

产品经理需要考虑算法吗

在点我达，我曾经接手调度模块的设计，有几个月时间一直在搭建产品框架和协作流程。在此之前，调度的产品、算法以及除了开发的方方面面，都只有一位同事负责。

与此同时，公司成立了算法研究院，请来了机器学习相关的博士，负责以调度为主的各项算法的设计。

于是从接受需求、设计功能，到研究算法、跟进实施的步骤，拆分成了两块，我带的调度产品组负责调度产品，而研究员团队负责调度算法。

现在的协作流程大概是这样的：

1. 需求方提出需求

例如，运营部门的同事认为，鲜花订单的派单形式要有新的产品和算法支撑。这里讲一下背景。我们的即时物流平台有外卖、商超、快递、鲜花等一系列类型的订单，其中外卖订单是比较核心的，我们做得也比较久，因此很多产品模块包括调度的设计，都是适应外卖场景的。当时鲜花则是相对新的业务。

2. 产品经理承接需求，并抽象出算法问题

我们小组的同事小 C 接到了这个需求，于是跟运营部门的同事多次沟通讨论需求背景，以及跟相关的其他同事（比如做销售、做商务的同事，以及骑手）确认实际场景。最终，抽象出算法问题。

以下就是典型的算法问题描述——

在时效要求不高(以天为单位,而外卖是1小时内送达)、起点集聚终点分散(外卖的起点终点都是分散的)、每个骑手可携带鲜花订单数量为n(外卖的上限 $m<n$)的前提下，应该如何基于外卖调度逻辑来设计鲜花调度逻辑。

3. 算法研究员承接算法需求，解决算法课题

算法研究员接受了算法需求，于是把产品经理的描述再抽象一层，变成约束条件下的最优派单策略。利用这些可量化的指标，就可以搭建起算法模型，依据已有的历史数据，来做出最合理的算法策略以及相关的参数设置。当然，在此过程中，不免会与小 C 和运营部门的同事持续沟通，有许多策略涉及的因素，比如在产品逻辑中的耦合性、比如在具体业务场景中的合理性，都要做大量探讨。

4. 产品经理整合算法模型成为产品功能

此后，小 C 会考虑模型的细节，和把引擎装入发动机一样，设计出模型相关的配套产品功能。真正的需求文档会是算法文档长度的几倍甚至十几倍。后续就会跟技术人员协作，跟进研发过程。过程中也是会跟算法研究员经常沟通，但在此阶段负责人始终是小 C。

这种协作模式算是一种可参考的模板。我们运行了半年多，一直没有问题，而且双方的协作极少有模糊地带。

可能现在没有专职的算法研究员，那么产品经理和研发人员直接协作时该怎

么办?

就推送喜欢的内容这个需求来说，首先，需求的目的、背景是产品经理要搞清楚的。推荐这些内容，是为了什么？浅显的目的是让用户点击，那背后相关的需求是什么？是现在用户活跃度比较低、用户发掘优质内容的路径过长，还是并不清楚只因为老板说好像大家都有那就做吧？

其次，最关键的，需求的实现方式是产品经理要搞清楚的。需求和算法是两个层面的事情，作为产品经理不能丢给研发人员说“做个推荐”就行了。显然，推荐不是一种具体的算法课题。就好像告诉研发人员“做个个人中心页面”一样不具体，这个页面应该有什么、要达到什么效果，跟其他功能的逻辑关系等都是产品经理要考虑的。

就推荐来说，是基于什么数据做推荐呢？用户的历史浏览、用户的已有关注、用户的资料画像，还是用户的社交关系？即使作为产品经理，你不清楚基于规则、基于内容和协同过滤都是什么概念，你也要知道推荐不是凭空做的，是要根据具体的数据做分析的。

一个合理的梳理结果就像前文提到的，应该是类似于：“基于用户已有关注对象的类型和这些对象发布内容的特征，来推荐更多同类的关注”，或者“基于用户目前的社交关系和相关的互动情况，推荐更多他可能喜欢的用户”。

再次，是跟研发人员搞清楚，所给出数据的意义（比如相关因素的权重），以及沟通逻辑上的合理性。以基于社交关系的推荐来说，用户 A 给用户 B 经常点赞意味着什么？用户 A 跟用户 C 每周有 15 次互动意味着什么？用户 A 拉黑了用户 D 意味着什么？这些不是算法课题！这些是产品经理应该以自己对用户或主观或客观的感知所得出的功能判断。

然后是建模。在这里确实有一个模糊地带，如果是非常懒的研发人员，不愿意自己研究算法课题、建模，是有点尴尬的。在职责划分上，坦率地说有计算机相关技术背景的研发人员做建模和算法研究会更合理一些。但如果是我，我会很开心有往前多走一步的机会。如果把这件事做好，就相当于多了一项不错的核心竞争力（可以想象，未来懂算法、懂机器学习的产品经理会越来越吃香），也许会大大有利于你在公司甚至未来市场上的竞争力。

即使你并不想拥有这项核心竞争力，在争执不下的场景中，我也建议你暂时把这个任务做起来。毕竟产品经理是要为产品的方方面面负责的，产品因为任何问题没有如期完成，产品经理都跑不了。

接下来就是根据建模的结果来梳理功能。推荐当然不是简单的建模而已，具体什么时间节点收集用户信息？在什么功能模块下推送给用户？推送的数量有没有限制？展示交互和界面都是怎样的？这也都是产品经理要整理好的。

最后，具体用什么样的代码、什么样的系统框架来实现，那就是研发人员的事情了。

大致来看，就是这样的：

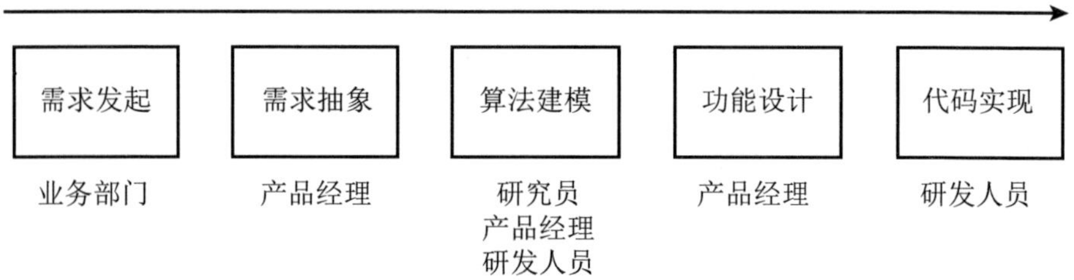

从题主的描述看，其实有点像省掉了“需求抽象”和“功能设计”的步骤，认为这纯粹是个算法课题，需求来了就硬生生扔给研发人员，等待产品出炉。我觉得这是不太合理的。

前文提到了，在点我达初期，实际上所有实现之前的步骤，都是由一位同事完成的。这也是我推荐的方式。

如何处理被技术总监反咬一口

在网上曾经有产品经理提出了这个问题：“产品人员将调研分析竞品对比参考方案 A 和 B 发邮件给项目经理研发总监，两日无回复，面谈讨论被以实现难度大目前人手不足为由拒绝，遂止于此，一个月后被技术总监反咬一口，说产品不重视此重要需求，并拿出 A 和 B 方案指责产品，我们技术人员都想到了，产品人员想不到。而后当产品说我们需要一套线上的沟通协作系统，使用第三方的工具即可时，又被项目经理以已经有 SVN（一个开放源代码的版本控制系统）和禅道工具为由拒绝……”

没想到关于要养成记录的好习惯，还有这么活生生的好例子。

每次在在行上跟产品新人说完主要的几条建议之后，我都会强行加一条，千万千万记得，不管什么时候都要养成记录的好习惯，以防扯皮。

关于因为无法溯源导致的争吵和扯皮，是产品经理的七大噩梦之一。

产品经理学会写东西、记录事情，指的不仅仅是需求文档，更多的是在沟通过程中、在各种想法中抽离出的供未来使用的东西。

记录这些东西有很多注意事项，我们一条一条说。

1. 记录的事情不分大小

沟通的形式有很多种，开会算是沟通，吃午饭时随口跟工程师提了一句也是沟通。但不管是怎样的沟通，一定要记录。

原来的故事可能是——

在电梯里碰到工程师小明，说老板提到有个文案要改掉，小明说好办，然后你就没再放心上。

过了几个月，老板又跟你发火，说看到文案没改，你找到小明，小明说：啊？你说过这事儿？

老板责备你办事不力扣了你半个月奖金。

改正后的故事是——

在电梯里碰到工程师小明，说老板提到有个文案要改掉，小明说好办，然后你就没再放心上。

你下午回到工位，发了一封邮件给小明，抄送他的上司以及老板。邮件就几句话，说明了改文案的情况。

过了几个月，老板又跟你发火，说看到文案没改，你找到小明，小明说：啊？你说过这事儿？

你翻出邮件来，白屏黑字，小明没得狡辩。老板扣了他半个月奖金。

2. 记录的内容要翔实可信

本来讨论清楚的事情，如果因为记录时随手敷衍，同样是没有意义的。

比如记成“下午会议大家达成一致，按照老张的说法做”，等半个月后，大家都忘了老张的意见时，那老张就真的是说什么就是什么了，指当时的鹿为现在的马也没关系。

一件事情，不要因为追求速度就不说清楚，也没必要写成格式化文档，只需要确定，当你不了解当时的任何信息时，还能通过你的记录得到有价值的信息，这样就行了。

3. 根据记录的种类做记录的格式，防止缺漏

有时候，想到的未必就是够全面的，所以我习惯把记录的信息进行分类，格式化记录。

记录有这么几种——

工作任务事项，包括翔实的工作内容、负责人和时间节点，比如刚才说的修改，“小明会在下个版本（3.6.2）修改页面的 ××× 文案，改成 ××× 文案”；

事情的记录，包括发生的具体场景、情况和结论，比如“老张说目前数据结构的状态不适合完成方案 ××××，因为会导致 ×××× 的错误，所以暂时停止”；

意见，包括谁表达了什么观点，认可还是否决，比如“老张说目前数据结构的状态不适合完成方案 ××××，因为人手不足，所以暂时停止，但老板表示必须尽快实现，最后结论是老张配合 HR 尽快招人”；

备忘录，包括各种头脑风暴的想法，使用各种 App 的体验等。这些是对自己很有帮助的。之前我接触的优秀的产品经理，都有自己的点子备忘录，经常记录，也经常翻出来整理，有时候会有奇效。

最近我让我们团队的实习生小伙子做会议记录，他处理得很好，供大家参考。

Dear all,

这是今天的会议记录，如果发现内容有遗漏，请及时联系我。

地点：旧金山。

时间：16:30。

Q1，地图导航问题。

A1，地图展示模式。

分两种模式：热力图引导和订单位置（包括导航）。修改接单区域放入［地图］中，［+］［−］号按钮默认隐藏，新增［设置］按钮，点击显现出原有隐藏的［+］［−］按钮。

地图导航，在小旗上显示数字（按照接单顺序），点击小旗显示［开始导航］。导航直接引用高德地图。

负责人：ZL。

截止时间：下个版本前。

Q2，需求问题。

A2，去掉 PBS 的限制。

区域半径的限制 QC>0.5−1.5 QS>1.5。

负责人：ZJ。

截止时间：下个版本前。

Q3，协作方式更改问题（通知）。

A3，重需求、功能概念。

版本两周上一次（汇合几个需求）。

开发模式同时需要更改。

负责人：通知型，不需要。

Q4，例会问题（通知）。

A4，周一、三、五例会涉及没讨论完的方案、个人工作汇报、工作分配。

负责人：通知型，不需要。

祝好！

前两个是记任务，后两个是记事。简要清楚，如果几个月后回溯，能知道这次会议做了什么。

4. 记录的形式不限

记录的格式或者形式都没有好和不好之分，只有便利和不便利之分。

对于我来说，需要周知的大都是通过邮件，需要自己备忘的就 Evernote，能很好地解决问题。

养成事无巨细地把需要记录的事务记录下来的习惯，并不会花费太多时间和精力，但收效是显著的。

我们回到最初的问题。

如果在一个月前，能够发一封简短的邮件，说："今天与技术总监已经讨论过方案 A 和 B，技术总监认为人手不足所以暂时不考虑。具体方案在附件中，供大家参考。希望之后有精力的情况下再考虑。"

那么结局就会是：总监与会，怒叱产品尸位素餐，并附案。产品轻点邮箱，信既现，事已清。总监惭而退，不敢复还。

产品经理与程序员的协作法则

我在哈工大读书，学的是计算机，写了六年代码，毕业后做的却是产品经理。

所谓对程序员和产品经理之间的调侃，主要原因无非就是双方经常有矛盾出现，而矛盾出现显然是因为一方是需求提供方，一方是需求实现方。

矛盾的类型也简单，就是大家提到的几种。

写过代码又做过产品经理的我，仍然没有很好的通用法则能解决所有矛盾。

不过做过产品总监一职后，想法的确完全不同了。产品工作和研发工作都在我的管理范畴之内，看事情的角度就完全不一样了。

过去做程序员，总觉得提供的需求更改很烦、给的需求不合理很烦、给的截止时间不合理很烦。

做产品经理的时候，也会觉得程序员总是推卸责任、完成得不及时或者不够好。

其实从整体的工作配合上来看，出现问题是难免的，关键是如何预防、如何解决。

以下是一些通过切身体会得出的经验性建议——

对于研发人员：

1. 做好更改需求的准备

很多固执的程序员会把改需求当成错事。

改需求？你怎么不早想清楚？

改需求？你知道我工作量多大吗？

改需求？那我不干了。

实际上，在互联网产品这个领域内，改需求肯定是家常便饭。

我没有做过统计，但接触到的已经成立一年的公司，几乎都经历过大改版，也就是代码全部重写。这对研发团队来说自然很痛苦，但却是难以避免的。

互联网的需求更替是频繁的，一方面，大环境随时在发生变化，去年你还在刷微博，今年已经是朋友圈了；另一方面，需求获取的渠道也是多样的，产品经理可能会有新的发现和新的判断，未必都是因为之前没想清楚。

既然改需求是经常会出现的，那就要求还是得做好更改需求的准备。

有以下几种方法：

1.1 提高代码的可复用性、可扩展性等

将一些产品中很可能会用到的各种控件、功能模块做成可复用性很强的代码，在产品增加类似功能，或者修改原有类似功能时，将大有裨益。

可扩展性则是各种接口、数据库以及底层结构不要写死，尽量用可扩展的方式写。比如现在有五个分类，不要写死就五个，要写成 n 个分类，目前是五个。这就是常识了，但有的程序员还是会比较随意，写代码没有远见。

其他的代码特性，如果有利于降低产品的更改和优化成本，也要加强关注。

1.2 根据产品规划来做好充分准备

每个功能的实现方法都有很多，怎么选择并不是只看当下的成本如何，而是要关注未来产品的整体规划。

可能目前要完成功能 A，有 1、2、3 多种方案，方案 1 成本最小。但未来要完成 A、B、C、D 很多功能，方案 3 更有利于使整体成本最小，那就要选方案 3 未雨绸缪。

多跟产品团队交流，了解未来产品要做成的样子、哪些功能是必需的、哪些

功能是可能会有的，多从长远来看。

1.3 合理预留出修整的时间

不要把研发时间就当作完成时间。研发功能只是一部分，测试、改 Bug 以及处理意外情况的时间都要预留出来。

有两种情况要多预留出修整的时间。

一种是研发团队自己对功能没有把握，可能是全新的功能，可能是比较难做的功能，可能会出现许多 Bug 和功能实现糟糕的情况，那就要多预留出时间。

另一种是产品团队表示对功能也有疑虑，比如在提供需求时表示这个功能很可能要调整，或者对功能本身信心不足，那也要多预留时间做调整。

2. 理解需求，防止返工

研发团队通常会缺少对需求的理解，尤其会出现这种情况的就是外包团队。

我听说过，花了几十万元请外包团队，最后开发的结果特别不满意，不能拿来用。合同已经签好，还得给钱，真是赔了夫人又折兵。

有的技术团队和产品团队都坐在同一间办公室了，居然经常缺乏沟通。技术团队不知道当前做的功能是给谁做的、是提供什么功能、满足用户什么价值的。

这些不是很高深的理论，也不需要深入学习，只需要通过产品经理做些了解，就能少挖一些坑，也就不会轻易返工。

比如，有的产品页面可以提前加载缓存，也可以每次都刷新，但要看用户平常是在 Wi-Fi 环境下用还是在移动数据下用，这是产品经理清楚的。产品经理在功能细节上不会想到实现层面这么具体，所以就需要研发团队去理解刚才说的需求，做一些判断。

另外，如果是在开发之前就意识到做出来的功能会跟产品经理想象的不同，那就必须及时提出来，千万不要等研发完成，大家都觉得不靠谱时，再重做，那样不管对谁来说成本都太大了。

3. 善于用数据、理论以及通俗的解释来进行沟通

程序员最应忌讳的就是说“这个做不了，说了你也不懂”“这个太难，懒得跟你解释”。产品经理听完肯定会觉得是推卸责任。

正确的方式是：用通俗易懂的客观事实来解释。

这个弹窗做不了。

为什么现在做不了？是因为代码实现可能要花三个月。

为什么这么久？是因为需要调用底层驱动层面的东西。

为什么要调用底层驱动的东西？是因为安卓系统原本的框架和协议就是这么规定的。

如果想看协议，我可以给你找出来。

这样一步一步往下解释，把所有理由说明白，别没有耐心，只要产品经理是讲理的，他就会理解你。

他听懂了你的解释，也有利于他找出另外可接受的一种解决方案。

哦，我懂了，这个用弹窗形式太复杂。

那我们换作跳转到普通页面吧。

这样问题就解决了。

对于产品：产品经理要在不断的迭代和更改需求的风险中被程序员认可乃至尊重，我觉得最重要的还是“讲道理”。

切忌说出“我不管，反正得做完”或者“老板就这么定的，我也没办法”这样的话。

1. 对产品功能有规划，并提供给研发部门

对自己的产品没有大致规划，是产品经理的大忌，也是出现问题的主要原因。

一年后产品成熟了要给用户解决什么问题？

未来半年内产品要做成什么样子？

三个月内产品应该主要提供哪些功能?

这一个月的产品具体方案是做哪些?

这些都要认真去考虑并且规划。

当然，长远的产品规划在很多情况下（市场变化、团队更替、产品转向）确实用途不大，越短期的规划，对研发团队越有帮助。

正常来说，预估三个月内产品的功能还是完全可以的，除非老板和产品经理都没想明白产品到底该做成什么样。

把这些规划想明白，并传达给研发团队，让他们在现在的代码里就给未来的功能留下空间，是最好的避免代码重写的方法。

2. 提供需求要足够具体

这要求产品经理做到两点：

第一，让产品需求文档特别具体。

并不是要按照大公司的 PRD（产品需求文档）去完成，而是不要缺东西。

对于需求文档来说，页面逻辑、页面布局、功能逻辑和每个功能的使用细节都要存在。并不只是画个交互图就叫需求文档了。

你给了研发人员 5 个页面，结果研发人员做着做着来问你，好像缺了个页面。你补完一个，研发人员做了一会儿发现又缺了一个……最后七零八碎的 10 个页面拼凑出来，发现根本不好用，只能推倒重来。

如果研发人员经常来问你某个地方该怎么做时，你就要反思是不是需求文档写得不够具体。

第二，要说明每个需求背后的原因。

这个在上面表达过，程序员明白了需求背后的原因，会选择更合理的方案去完成。

千万别提“你别管为什么了”，而是不管他问不问这个功能为什么要做成这样，都要告诉他为什么。

3. 熟悉基本的研发背景和研发能力

“产品经理到底需不需要懂技术”是我被问到的关于产品经理的问题中的TOP 5。

这个问题我的回答是：要按照需求，了解基础知识，并不需要知道实现细节。

了解基础知识、不需要知道细节是指产品经理应当知道最基本的一些理论。

比如做安卓操作系统，要知道安卓原生提供了哪些控件，这样在设计方案时可以尽量使用它们。在代码实现时，调用一个控件可能只需要几行代码，但自己重写一个功能界面，可能就是成千上万的代码量了。

比如在手机网页上的产品，要知道哪些交互是在 H5 上较容易实现的，而哪些交互是实现效果非常糟糕的。如果依照在 iOS 上的动画效果来要求 H5，开发成本可能是呈指数级上升的。

按需，是说对于产品经理来说，千万不要买《iOS 入门指南》《安卓开发手册》或者《H5 设计实例》来学习，除了装点一下书架以外不会有别的意义。

因为产品本身开发的指南和手册，讲述的全是实现细节，对你清楚安卓的基本控件或者 H5 的常用交互完全没有帮助；同时，不同的产品有不同的特性，也有不同的代码特点，你只需要了解你负责产品的技术背景即可，有的同学居然决定从 C 语言开始看，简直是让人扼腕。

跟老板想法不一样，怎么办

这是一个大学中常见的问题，细想下来原因也很简单。

在中小公司尤其创业团队，有三个难以调解的矛盾：

1. 产品经理行使老板在执行方面的职责与实际上并不是老板之间的矛盾；

2. 老板的理想（想成为乔布斯）与骨感现实（钱不够人不行事难做）之间的矛盾；

3. 非产品出身的老板不懂产品与非产品出身的老板觉得自己很懂产品之间的矛盾。

这三个矛盾，就要求创业团队的产品负责人/总监/经理确保做到三个代表：

1. 要始终代表老板在公司策略方向上的发展要求；

2. 要始终代表团队实际在可行范围内的前进方向；

3. 要始终代表用户在需求和体验方面的根本利益。

所以做一个优秀的产品经理是很难的。

当你代表的是老板、团队和用户三方时，考虑事情的角度就不同了。

真正遇到跟老板想法不一致的状况时，首先要想的是问题出在哪儿，而不是老板肯定错了或者我错了。很多时候其实两个人都没错。

下面这个图是满满的干货，注意啦！

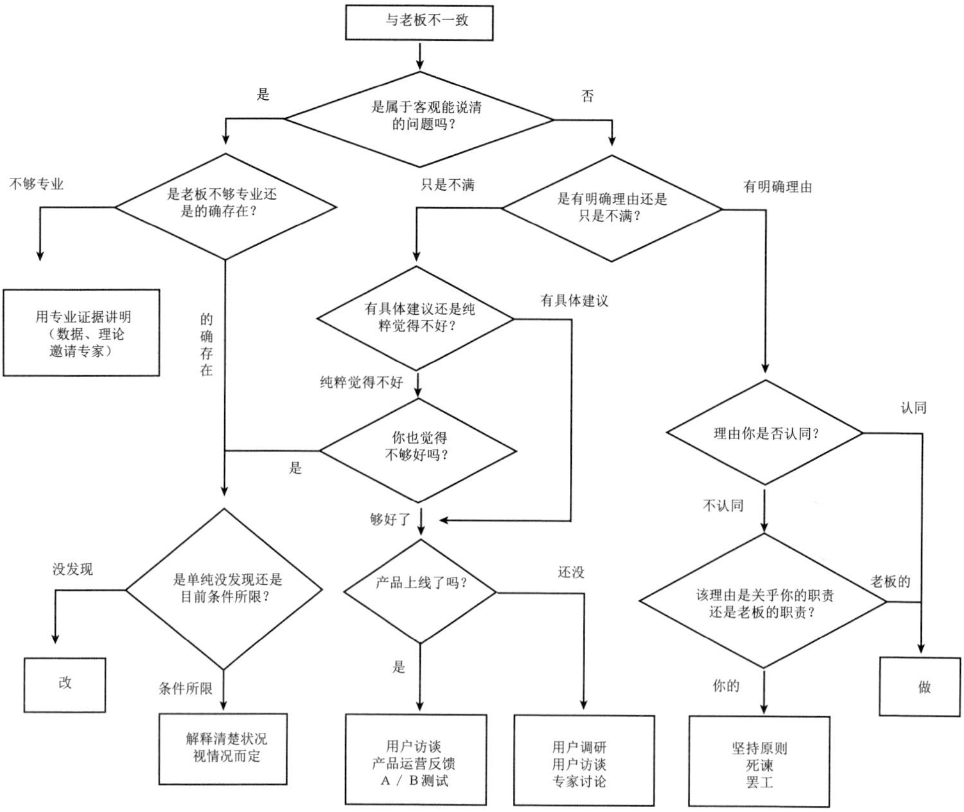

这张图是我遇到状况时最常使用的。你可以先试着把最近遇到的几种状况测试下，看按照这里面的方式解决是不是比较合理有效。

我在图中写到了七个最终解决方案，接下来用例子进行简要描述。

1. 老板的怪需求

小张做的是一个银行排队系统的产品，大致就是，你用排队 App，足不出户就可以排上银行的队。北京这大雪飘飘的，坐在家里泡壶茶边刷网页边等位，岂不快哉。等快排到了，再出门就行啦。

但今天老板突然提了一个怪需求，要在排队产品里加社区。理由是现在全世界产品都在做社交，不做不行啦。

小张就有点不理解，咱们这个产品定位很明确啊，就是满足用户排队的需求，让他排队更爽，你不在怎么优化排队系统上下功夫，做个工程量巨大的社区有什么用？

于是小张花了整整一个通宵，把能证明在这个产品里做社交不靠谱的所有理由整理成了5000字的报告，上交了老板。

第二天，老板不好意思地跟小张说，不好意思哈，产品这方面我不专业，还是你说得明白，咱们不做啦。

当然，老板还是常常有新点子，小张也没能在这公司待多久，毕竟不可能天天写5000字给老板。后来据说老板还是硬着头皮做出了划时代的银行排队社交软件，也不知道做得怎么样。不过，做人呢，开心就好咯。

2. 不小心没注意的坑

小朱做的是一个售卖旅游路线的电商产品。这天突然被老板叫进了办公室，劈头盖脸就是一顿骂。老板说他和朋友经常遇到订单显示已完成但其实没支付成功的情况。

小朱心想肯定是技术人员的问题或者老板手机不行，我就是个替罪羊。然后假装可怜地说：这事儿我回去研究下！对不起！我会更加努力的！

结果翻查了各种需求文档，跟开发部门的同事核对了一遍，发现确实忘记设计一个订单状态，就是等待支付宝服务器的回应时的"等待支付中"，有些支付失败的情况没有考虑，虽然比例少，但遇到了就算是严重的产品缺陷。

小朱擦了擦头上的汗，原来真是自己错了。

3. 臣妾做不到啊

阿肥进办公室的时候，把门口老板养的盆栽挤倒了，七朵花掉了六朵，幸亏阿肥体胖站在桌前挡住了这一幕。老板好像也没发现，不过脸色很难看：你看看，咱们这个聊天功能，实在要了命了。

阿肥挠了挠头：陛下，您受累了，可别伤了龙体。

老板：少贫嘴。你看看，咱们聊天功能里面，跟微信差距怎么会这么大。什么视频功能没有、撤回功能没有、讨论组功能没有、传文件功能没有……我数了数，至少缺了20个功能！这玩意儿能好用吗？！

阿肥听明白后心里有了底，缓缓说道：老板你看，微信是腾讯的，那人家的开发能力和设计能力有多强呀。咱们这一共三个工程师，我一个人兼产品经理兼交互兼UI兼项目经理，也就是做个二层小洋楼的水平，你非要做个望京SOHO加超大绿化带，臣妾做不到啊！

老板听完有点心虚，哼了一声，说：那缺人为什么不说呢！赶快招啊！

阿肥无辜地说：这事儿得从长计议啊，你奔着微信这些功能，招到啥时候是个头啊。咱得一步一步来，先想想几个月后做成什么样才能令用户和投资人满意，然后再去按部就班招合适的员工啊是不是？

老板知道自己理亏，半天说不出话，但转念一想，作为老板气势上不能输给阿肥，所以一拍桌子骂道：你干吗弄坏我的盆栽！

4. 豪情一赌

小Y今天比较郁闷，老板跟他吵了好久。吵的内容很简单，两个人对产品视觉风格到底该是暗绿+灰白的性冷淡风，还是蓝+白的活力风意见不一致。

这种有些主观的判断用讲理的办法真是谁都说不过谁，感觉谁说的都有理。吵到激动处，小Y心一横，说咱们打赌，想办法让用户来选更喜欢谁的方案。谁要是输了，就在望京SOHO旁边的扫码一条街裸奔。不光裸奔，还要把每个码都扫完，每件礼物都拿完。

老板愣了半晌，说，好，是条汉子，奉陪到底！

然后小Y跟设计师出了两套方案，再麻烦运营部门的同事组建了一个500人的种子用户群，让大家投票。

现在小Y就坐在工位上看着群里的投票实况，手心都是汗。目前的比分是小

Y 的性冷淡风 120 票，老板的活力风 151 票。眼看着已经有大半用户投票，小 Y 望着窗外的飞雪，有点难过。

过了 25 分钟，群里投票已经变成 198 ：213。小 Y 已经开始考虑自己裸奔时该用什么姿势了。

谁知又过了 10 分钟，局势大逆转。小 Y 的性冷淡风瞬间反超，他还没缓过神来，比分就定格在了 261 ：239 上。

小 Y 冲进老板办公室，狂笑不止，足足十分钟，跟面无表情的老板说：快去吧！老大！

老板很淡定地说：啊？去干什么？刚才发生了什么吗？你还想留在这个公司吗？想留下来，就去继续上班吧。乖乖听话，少年。

小 Y 目瞪口呆。但想到老板总归是老板，就默默回到工位继续工作了。

5. 越俎代庖的老板

小 M 是一位有阿里三年工作经验的产品经理，现在跟一个搞技术出身但热爱产品的老板做创业项目。

起初这个老板经常给小 M 提各种产品上的建议和意见，大都是零碎的，比如这个功能应该优先排序啊，这个按钮放上面比下面好啊，这个标题栏应该更宽啊之类的。大都影响不大，虽然不算特别靠谱，也不至于是错的。

所以小 M 也没在意，只是觉得老板有热情未必是坏事，提建议酌情吸收就好了。

但好景不长，老板似乎把一大半精力放在给产品想主意上面了。比如小 M 花三周按照 Tab 形式的结构做了一整套的设计方案，老板就说这不行，我们得追随主流，设计成滑出菜单式的。

小 M 解释说其实差别并不大，而且他更熟悉 Tab 形式的设计，做起来得心应手。老板接着批评他做事不完美，说不做滑出菜单就走人。小 M 只好又花三周改了一版。

小 M 发现，不久之后，他的很多精力都要花在跟老板周旋上，老板几乎会对每个设计上的问题跟他提意见，而且常常有奇妙的点子，且不说有的靠谱有的不靠谱，主要是搞得他都不能正常开展工作了。

终于有一天，老板又批评他说不做就滚。小 M 真的拿起电脑走了，临走时撂下一句话：你信任我就把产品的事全权交给我，要不然你就自己做产品，把我开掉。

当晚，老板就给他电话，把他劝回了公司。从此就专心做老板该做的事了。

6. 换位思考的重要性

小 G 是一个美甲 O2O 的产品经理，今天刚得到消息，要砍掉一个重要功能：即时下单。

即时下单是相对预约下单而言的，就是说用户可以随时下一个订单，保证美甲师半小时内就可以到。所以小 G 当时就愣住了，这样得损失多少用户啊！

小 G 从多个方面详细整理了去掉这个功能的坏处。从用户流失的危险性，到产品预约流程整体造成的巨大改动，再到后台逻辑的复杂处理，洋洋洒洒写了 5000 字。听说他一个叫小张的朋友就靠这样的分析打动了老板。

老板看完后，把小 G 叫到办公室，说：小 G，你说的都没错。

小 G 很得意：所以呢？肯定不要砍了吧。

老板说：可是你是从产品角度做的分析，而我必须要从战略角度结合公司的整体利益去考虑。你知道即时订单的存在会导致大量的美甲师需要随时在接单等待状态吗？你知道这样下去我们量大了对整个平台的效率所造成的致命打击吗？你知道即时订单对于美甲师管理团队来说是一个巨大的坑吗？

小 G 听完如醍醐灌顶，终于全明白了。同时明白的还有另外一件事：做任何判断，需要明白背后的所有理由。

想必看完，你应该清楚我想表达的意思了。

任何时候，要先发现你跟老板的矛盾点在哪儿，然后有理有据地得出最合理的解决方法，而不是一味地埋怨老板说他不对，或者忍气吞声默默听从。

另外，记得自己代表的三个方面：老板的战略发展要求；团队的整体前进方向；用户的根本利益。

切记，不要把自己的面子或者执念当成跟老板对抗的原因。

产品经理需要懂技术吗

某位辩论界的前辈教导我们说，要先定义问题，再回答问题。

产品经理需要懂技术吗？

首先，产品经理到底是指什么？

大家通常提到的产品经理，更多的是产品设计师，或者用户体验产品经理。除此之外，还有后台产品经理、需求分析师等很多种。

从行业角度，也可以分为技术型产品的产品经理、设计型产品的产品经理、运营导向型产品的产品经理。再细点，更可以分出电商产品的产品经理、社交产品的产品经理或者搜索产品的产品经理等。

在某招聘网站上，产品经理的常见分类就有很多：

产品经理	网页产品经理、移动产品经理、产品助理、数据产品经理、电商产品经理、游戏策划、产品实习生
产品设计师	网页产品设计师、无线产品设计师
高端职位	产品部经理、产品总监、游戏制作人

显然，每种产品对应的产品经理所需的技术知识都不相同。

大致来说，在做的产品技术实现比较难、逻辑复杂的情况下，产品经理应该多少有些了解，百度搜索的产品经理，不可能对搜索算法不敏感。而在产品实现并不困难的情况下，或者说非技术因素更重要的产品，可能就不太需要了解太多技术背景。

其次，产品经理需要懂技术吗？

我们在写简历的时候都知道有一种写法，是把技能描述成“精通”“掌握”“了解”什么的，我觉得其实很没意义，因为根本解释不清楚。

有的甚至还能画出经验值的横条，这是在玩 RPG（角色扮演游戏）吗？

如果说精通 PS，到底是精通到可以手绘出蒙娜丽莎，还是精通到可以给女朋友修个不跪键盘的照片？我们需要的是实际的描述。

同理，“懂”这个词也可以解释成很多行为。我知道 Java 和 C++ 的区别算不算懂？我可以设计数据结构和一些算法，算不算懂？我能够自己上马实现所有代码，算不算懂？

最浅层次的“懂”，我觉得是任何产品经理都要达到的。很多产品经理居然都不知道自己产品的后台是用什么语言写的，也不知道 API（应用程序编程接口）是什么概念，更不知道产品包含的所有数据是怎样流通的，这算是不及格。

而比较高层次的“懂”，到底是不是需要懂得读代码、需要懂得写代码，就要看实际情况了。

最后，产品经理需要懂技术吗？

技术到底是什么呢？

大多数人只会把技术理解成代码，是在编辑器里一行一行蹦出来的东西，蹦得越快代表写得越好。

除此之外，其实还有很多纯技术的工作，并不是单纯地实现软件。在很多技术型公司里，有算法设计师，还有各种各样的架构师。在大公司里，技术显然不是单纯的安卓或者 iOS 开发。比如我查到很多 BAT 在招聘的岗位就有很多无关直接代码实现的：

过程改进；

安全专家；

数据挖掘 / 机器学习；

广告投放策略；

搜索算法；

数据库专家；

自动化测试；

……

现在大数据这么火，很多公司都有数据部门，他们的技术细节跟研发部门的一样重要，他们的技术算不算问题里的技术呢？

我的理解是，任何产品工作中接触到的技术，都应该算作产品经理“有可能”需要了解和学习的技术，包括算法、技术逻辑、数据结构、架构、整体框架，单说代码实现反而是比较次要的。

好了，说了这么多，该回答问题了。

其实问题里有个词，是很好的解答：“需要”，看是不是真的“需要”。

我们总结下刚才提到的所有信息。

你是什么产品经理	接触到的技术	搞懂的程度
网页、PC、无线、后台？ 电商、数据、技术、社交？ 实习？新手？初阶？高阶？	iOS、安卓、PC、网页？ Java、Python、C、PHP？ 功能实现、算法设计、数据结构？	清楚概念？ 了解细节？ 运用自如？

先把这些捋清楚，然后做几件事：

定义产品岗位在公司中的职责（是不是需要参与项目管理？是不是需要完成逻辑设计？），然后看自己在产品部门中的位置（是实习生还是总监？）。

反思或者预测自己产品工作中可能接触到的技术（很多情况下会是数据结构、算法和实现逻辑，而非代码语言），然后跟相关的同事做一些沟通了解。

做出最后的判断，究竟应该懂到什么程度，会对工作有极大帮助。

之前在锤子公司做安卓系统，我们对原生提供的一些可复用的模块很熟悉，这样我们才能设计出成本更低的方案；在做上门美甲以及现在的众包物流时，我们会跟研发部门的同事一起设计订单逻辑和数据结构，因为这些既跟具体实现的方法有关系，也跟用户对产品的使用效率有关系。

这些可以算作技术，却并不是日常生活里理解的“用 C 语言写一个排序”那样的技术。让人比较头疼的是，很多人问到产品经理是不是需要懂技术的问题，脑海里想的是下个星期要不要报个 Java 学习班或者买本《7 天学会安卓开发》，这是很荒谬的。

所以，清楚定义问题，你也许很快就知道自己该做什么了。

怎样避免跟工程师扯皮

说实话，除了在创业的时候经常跟工程师瞎闹、吵架，在其他公司但凡流程正规化一点，争吵就是严禁出现的现象。就算是创业时候的争吵，也只是因为关系比较熟而已。

很多人会从抽象概念上强调，真理是越辩越明的啊，只要在理就不怕吵啊，吵也是沟通的一种技巧啊，等等。在我看来是有问题的。

我过去也是这种工科男的思维，认为只要道理在，就不怕吵得狠，反正最后大家认理就行。

事实上这样是大有问题的。

如果是在双方平等的情况下，怎么吵架都没关系，更容易就事论事。但是产品经理和工程师的吵架（或者说好听点，激烈的碰撞）是双方不平等的状态，前者更像甲方，后者是乙方。这样造成的局面就是：

产品经理吵赢了。工程师会觉得，有理就可以这么吼我吗？又不是你来写代码，我提出这些质疑不行吗？你何必这么趾高气扬？

工程师吵赢了。工程师会觉得，你看你提需求这么不靠谱，想问题不周全，给我埋这么多坑，我以后还能不能信任你了？

两边都没吵赢，勉强达成了共识。工程师会觉得，你的道理都说服不了我，那你做产品经理有什么意义？还跟我这么吵，你这是什么态度？

不管哪种情况，都会引起工程师非常负面的情绪。原因很简单，从本质上说，产品经理是想主意的，工程师是实现主意的。想主意的一点错漏、没想明白的地方，都会给实现方造成巨大的麻烦；而如果想得很清楚、很明白，那是应该的。

经常吵的话，会让工程师渐渐失去信任，也没有做好产品的动力。他写每行代码的时候，脑海里可能都会复现当时讨论功能时你狰狞得意的脸，这是件很恶心的事情。

我觉得争吵不可取，希望争吵解决的一些问题其实仍然存在，在跟工程师的沟通中，解决这些问题的方式可能有以下几种：

1. 事前把方方面面想周全

对产品经理来说，提的方案有明显的逻辑问题（比如前后矛盾、不合理、有明显错漏），那就占不了什么理，这也是让工程师失去信任的关键因素——你想不清楚就来跟我提需求，是不是不靠谱？

在我们需求评审时，一旦被工程师问住了，并且回答不出个所以然来，我们就认为是产品经理的失职。这种情况我们认为等同于开发的 Bug，是产品经理的失误，要记录在案，不断复盘和鞭策自己。

如果方方面面想得足够周全，那所有工程师提出的“我不觉得这个有意义”或者“我认为这个没道理”的问题，都能用功能的业务背景和用户需求来解答——“实际场景下，用户会在 ××× 的时候用到 ×××，这是我们功能的初衷”或者“你觉得这个功能没有意义，但我们通过数据/调研/访谈观察到，用户确实有这个需求”。

“这个……我也说不太清”“等我去跟 ××× 再确认下吧”“你说的没道理，你不懂”，这些都是产品经理的禁用句式。

2. 塑造良好的沟通氛围

题主有句很拗口的话“本题皆在讨论沟通战术的施行与技法，战略上的完美亦为吾辈平生之追求，但不在此题目当中”，通俗点说就是：本题不讨论怎么把需求想清楚，只讨论问题没想清楚的时候怎么跟工程师沟通。

首先，如果真的想清楚了，那就跟工程师信息同步，让他也明白所有需求的背景和价值，不要反感；其次，像我刚刚说的，如果没想清楚，那就是产品经理的失职。错漏在所难免，但既然是产品经理不占理，那为什么一定要通过争吵来解决？

在这种情况下，让工程师觉得我们是竭尽全力在帮助他们更好地工作，而不是随便想了个点子、不负责任地抛给了他们。工程师未必能知道我们也在冥思苦想、费尽心思地做功能设计，在他们看来，只要有几个漏洞和问题，就会想象出产品经理花天酒地不关心开发部门同事疾苦的画面。

一旦有了问题，要表现出我们马上改和下次不会犯的态度，这样才能让工程师更信任我们。只会说，人都会犯错啊，你不是也会出 Bug 嘛！还不高兴我们也出点问题嘛！既不能挽回颜面，也不能挽回工程师的认可。

3. 了解技术背景

良好的沟通都是双向的。既然我们希望工程师能了解产品和业务背景，那么我们也应该了解技术背景。这也是对于产品经理要不要懂技术这个问题的解答。

对我们来说，未必要会写代码，但要知道他们所说的“做不了”和“很难做”是什么意思。他们没有耐心讲，我们也要有耐心学。这些知识掌握之后，能更有利于我们做出让他们更满意的方案，促进更好地沟通。

知彼知己，是最好的沟通方法。如果信息不对称，争吵再多也没用；如果信息对称了，为何还要争吵？

4. 特殊的情况

还存在一种特殊情况，就是某些工程师确实性格或者职业操守比较一般，会以各种借口做挡箭牌，习惯性跟产品经理争吵，故意推延实现需求甚至刻意删减需求。这种是我认为的唯一能接受吵架的场景。不过针对这种情况，最好的解决方案是反馈给他的上级，让上级来判断孰对孰错，同样不要指望争吵能带来质的提升。

如何避免给开发团队挖坑

1. 搞明白基本的一些技术背景和技术概念

产品经理需不需要懂技术是老生常谈的问题，我的回答是肯定要懂，关键在于，懂的技术是怎样的技术。

懂技术并不是自己要能成为架构师、工程师，又可以规划技术架构，又能实现产品功能。懂技术是要明白技术实现的逻辑。

比如，我们在做的配送业务，需要有配送员、订单、商家多种信息，每种信息是存放在各自的数据结构里的，它们之间又通过逻辑关系串联起来。这些在产品上都未必体现得出来，但在很多产品设计的时候要考虑到，要做某个新业务时，发现商家要分截然不同的两类，那中间的逻辑要怎样成本最低，是同一张表用属性区分，还是新造一张表，都是要跟技术人员一起讨论研究的。

平时，建议多看些与技术相关的文章和科普。注意，千万不要买《七天掌握安卓系统》之类的书，看一些跟产品息息相关的比较好。

还有个公众号，叫作“给产品经理讲技术”，写得很接地气，推荐。

2. 学会梳理产品逻辑

这个逻辑不是 App 上有几个 Tab 页，也不是功能之间简单的关系，说的是背后的几个逻辑：数据结构、信息流程和其他的逻辑关系。

建议大家看看《淘宝十年产品事》，里面提到的淘宝产品经理，对数据和流程的梳理是非常熟练的。

然而我见到的很多产品经理，并不太把这个当回事。只要实现就行了，不关心怎么实现。

数据结构其实是第一重要的东西，可以让产品经理非常深入地理解技术实现的逻辑。

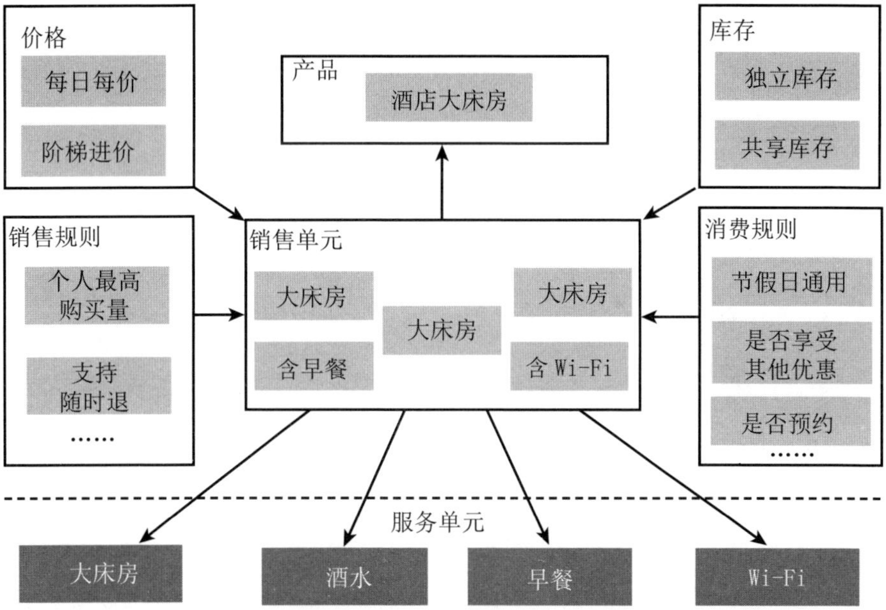

这是美团酒店销售的数据结构，可以让整个酒店商品的逻辑一目了然，而不是零散的需求。

信息流程则是在有一个信息通路、存在一些状态转化逻辑的情况下，需要考虑的。比如常见的订单从生成到支付到结束的环节，如果也只是零散地提出功能需求，那很可能出现纰漏，技术实现上也不明晰。

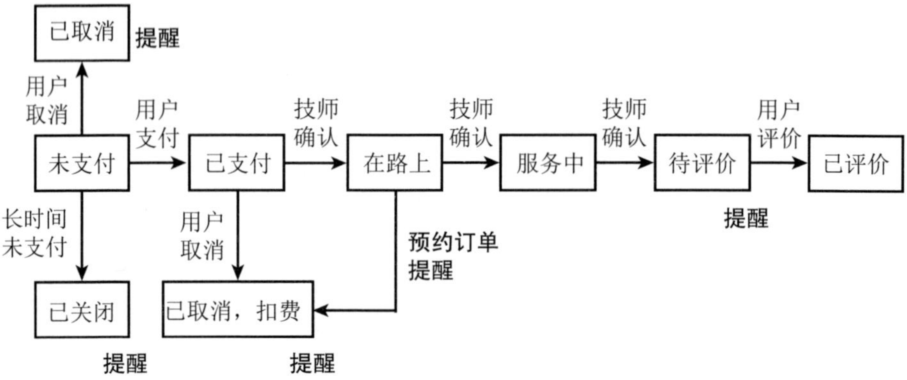

比如，这是在嘟嘟美甲最初交互草稿里，我们梳理的订单状态转化图。

还有很多其他的逻辑，也需要梳理清楚。

比如，我们前段时间在设计取消订单机制的时候，发现有很多种情况，每种情况的文案也应该不一样，这时候就要梳理出每种具体的提示，不能让技术人员去帮你完善。

<table>
<tr><th colspan="2"></th><th>非最后 3 次取消</th><th>最后 3 次取消</th><th>最后 2 次取消</th><th>最后 1 次取消</th></tr>
<tr><td rowspan="2">配送员没有及时到店取货</td><td>大于 15 分钟</td><td colspan="4">由于配送员长时间未到店，本次取消不会对你产生影响，是否取消？</td></tr>
<tr><td>小于 15 分钟</td><td rowspan="2">配送员已在路上啦，建议您再耐心等待一下。本周再取消 5 次（包括本次）会导致您的账号被禁用，禁用期间无法再发单。</td><td rowspan="2">配送员已在路上啦，建议您再耐心等待一下。本周再取消 3 次（包括本次）会导致您的账号被禁用，禁用期间无法再发单。</td><td rowspan="2">配送员已在路上啦，建议您再耐心等待一下。本周再取消 2 次（包括本次）会导致您的账号被禁用，禁用期间无法再发单。</td><td rowspan="2">配送员已在路上啦，建议您再耐心等待一下。本周再取消 1 次（包括本次）会导致您的账号被禁用，禁用期间无法再发单。</td></tr>
<tr><td colspan="2">其他</td></tr>
</table>

对于应该梳理什么、怎样梳理比较好，可以多问问程序员的意见。如果他们看到你的文档，立刻就能想到该怎么实现，那就证明起到作用了。如果每次都要

花费大量的时间拆解和讨论，那就是梳理得还不够充分。

3. 出现坑的时候，多复盘

不同的产品差异很大，即使再有经验的产品经理，也不一定就永远不会埋坑。

坑出现了之后，除了尽快填起来，还要去复盘，多想想，怎么避免下次再进坑。

如果是文档写得不周全，那就尽量写得周全些；如果是缺乏沟通，那就在协作时多设立沟通会；如果是需求总会变动，那就研究需求变动的根本原因，把它大事化小小事化了。

关于产品技术协作，在我们公司，是设置了一套复盘机制的。每次出现大的问题，都会在解决之后，召集一次大会，在所有相关人员都在场的情况下，把事情说清楚，搞明白原委，并且会上要制定解决方案。

经过一两个月的尝试，我们发现，大多数的坑都是同样的原因，我们就重点攻克这个难点，慢慢让坑变少，原来的大坑也变小了。

如何避免自己变成了项目经理

Shine 同学给我提了这样一个问题："学长，作为一名入职不满一年的产品新人，我最常见的困惑是，如何避免自己在日常工作中，变为项目经理式的存在？自己常常因为突发问题、研发进度等工作占用太多时间；一天忙完，发现自己根本没有静下心来考虑需求或者功能设计。"

我的回答是这样的：

1. 产品经理需要处理很多"分外"的事情

在产品经理的工作中，要处理许多"分外"的事情都是不得已的。

可能你觉得是自己级别低，所以经常被派活儿，甚至认为是遭人欺负，所以要做很多杂七杂八的事情，包括跟研发人员扯皮、去协调 Bug、跟进上线等没有太高的技术含量但又要产品经理支持的事情。

那么再高阶的产品经理是不是持续输出想法就可以了、不用烦心这些？

不存在的。越高阶的产品经理，反而越会遭遇到"分外"的事情。

他们也许要在项目推进慢的时候去协调研发资源、也许要被拉去跟老板们汇报进展做 PPT、也许要考虑团队办公位置的问题、也许要研究下次团建怎么组织会更有效， 还要去管理团队、把对的人放到对的位置，思考去哪里挖人、怎么招聘才能招到人、怎么面试才不容易看走眼，以及当团队里有同学遇到"我怎么成了项目经理”的困惑的时候，该怎样去跟他沟通。

这个问题的本质源于，许多校园里刚出来的新人，都会觉得一份职业总有其分内的事情、分外的事情。老师分内的事情就是老老实实上课，不用关心任何别的事；产品经理分内的事情就是老老实实想点子，不用关心任何别的事。这都是有问题的。

在一个组织内生存，最重要的事情是体现你的价值，这样组织才会重用你。产品经理的核心价值主要体现在决策、出方案，但一个方案，用户不认可，价值是0；一个方案，没有落地，同样是0；一个方案，出了严重的产品逻辑问题，也还是0。

产品经理的确不是项目经理，但许多环境下倘若没有条件，产品经理就该是“做其他许多工作的角色”，这样是合理的。

2. 作为产品新人，不要为琐碎感而焦虑

且不说是不是分内的事情，产品新人也很容易因为琐碎感而焦虑。作为应届毕业生，除非在极小的公司，大多数环境下都是要给很长的培育期的，培育期就会把一个产品杂七杂八的小事情都接过去。

不要慌，这是常态。不要看舒适度，要看结果。一直在做小事，看似成长小，可以回顾每次做这件小事，会不会带来什么变化。对用户认知更清楚了？对产品想得更明白了？对怎么跟进需求更清晰了？成长是一步步来的，半年到一年之后，再拿到完整的功能，就能得心应手了。

团队有个同学入职一个月找我聊，哭得梨花带雨，说她在之前公司做的都是从0到1的“大项目”，能深度决策影响这个产品。我问，这个产品最后上线了吗？她说是试验项目，做了半年还没上线。我说那你反思回想一下，虽然你做项目时感受很好、自己负责了不少东西、有指点江山的意思，可作为新项目产品都没上线、都没接触过用户，你会有什么成长吗？要求低的事情，再大也不会有成长；要求高的事情，再琐碎也能有进步。

她勉强被我说服，之后通过许多琐碎的需求逐步成长，如今负责的功能模块的范畴接近她之前的公司了。但要问她前后的决策能力是否有成长、问她在哪个产品中创造的价值更大？当然是千万级的用户平台上的真实用户转化更有说服力了。

3. 正确地解决问题，让工作更高效

之前两点是心态问题。心态问题之外，提供一些如何让工作更高效的建议。

一定要先关注协作流程中的问题：到底是谁来打断你的？

如果是需求方不分时间场合频繁来找你，那就跟他们或者他们的老板拟定机制：每周或者每半周开需求沟通会，不要日常想到什么都来找。

如果是技术人员频繁地来找你，那就看大都是什么问题，若是产品文档中不清楚的问题，那就自省一下，提高文档的质量；若是技术人员经常反悔说之前承诺的完成时间搞不定，或者某个逻辑无法实现，那就跟他们定下规矩，在技术评审会上不提出问题的，之后再出问题，视为技术事故，要求他们的老板也介入。

如此等等，不管如何，就看这种频繁被打断是不是必要的，只要是机制和流程能解决的，就想办法解决。

解决了这个复杂问题，相信你也会有很显著的进步。

哪些工具能极大提升产品经理的工作效率

1. 协作工具

加入新团队之后，我一直在搞协作模式和工具流程的事情，最近才基本稳定下来。

总结一下目前我们产品部门会用到的工具。

1.1 需求管理：伙伴办公

之前在锤子科技我们做需求管理用的主要是 Excel 和 Google Docs，后来在别的团队还用过 Excel + SVN 的方式，都不太理想。有朋友也会说一些任务协作工具勉强可以用，但真的不好用。

实际上从需求管理的角度来看，我们最需要的是：

能够详细记录需求的不同属性（大部分协作工具做不到）；

能够快捷指定负责人、状态、优先级等可选项（大部分协作工具做不到）；

能够对一个需求进行评论和操作的记录（Excel 做不到）；

能够同步共享给所有人，并有不同的操作权限（Excel 做不到）。

后来我发现了伙伴办公，感觉用它解决以上问题特别棒。他们的创始人是 Discuz 之前的合伙人之 ，还是挺感慨的，技术真的在解放生产力。

1.2 任务协作：Tita / Teambition / Worktile

任务协作方面我觉得可以见仁见智，不同的工具有不同的特点。

之前这几个在不同的团队都用过，是根据当时的情况来决定的。

建议都试用一下，再决定团队到底适合哪个。

不管怎样，如果团队在三人以上时，一定要有一个任务协作工具。

2. 个人工具

2.1 格式化书写：Markdown

我在每个团队几乎都能见到喜欢 Markdown 的产品经理，当然一般都是程序员转职的。

如果习惯了这种写文档的方法，至少可以在以下几个方面将效率提升十倍：

产品需求文档；

个人想法；

邮件；

会议记录；

读书笔记。

往大了说，产品经理做的任何功能，其实都是为了提高效率、解决问题，而在互联网行业更擅长的就是通过标准、流程化的方法解决问题。Markdown 就是这样的一套解决方法，完美地搞定了书写的格式问题。

2.2 可视化描述：推荐两本书——《餐巾纸的背面》《视觉会议》

我们团队目前在开会的时候，已经很习惯用图、表、线条等元素来描述情况了。

产品经理在讨论时，如果不能有逻辑地把问题条分缕析搞明白，那很可能会跑题、会纠结在没有意义的事情上，导致最后得出不真实、不合理的结论。

2.3 整理记录：笔记本 & 笔 + Evernote

永远不要空手讨论问题！永远不要空手聊天！永远不要空手学习！

带上本子和笔，主要起两点作用：

把问题和相关的元素列清楚；

把结论和相关的过程记录清楚。

这些只凭脑子，事后再想往往都是会错漏的。

如果不喜欢公司提供的本子和笔，记得买好些的，这里不要省钱。知乎上有很多推荐，自己可以找。

当完成了记录后，整理的工作就交给云笔记做吧。大家习惯的应该还是 Evernote。

把目录列得有条理一些，等你用到的时候，会觉得事半功倍。

2.4 原型和交互：Sketch / Keynote / PowerPoint / 墨刀

Sketch 是目前 Mac 上公认做 UI 最好用的工具了吧。产品经理也完全可以用这个画交互。

另外，也不要小看 Keynote 和 PowerPoint 。

墨刀也不用多说了，这是做可演示模型最好的在线工具了。

2.5 免费图标 / 图片：Iconfinder / Pixabay

做原型和交互的时候可以参考。

说句题外话，我建议大家不要用线框图来讨论方案，最好是用高仿的原型图来讨论。因为现在的产品很多情况下在交互、视觉层面会对功能产生影响，单纯看线框图完全是没有感知的。

《启示录》在第 21 章“产品验证”里也提到，尽量用高仿真的原型甚至可用的版本来作为产品描述，而不是线框图或者文档。

有哪些好的工作习惯值得学习

1. 开会别带手机

不要高估自己的自制力。不是主讲人，参会人员只要略多、内容只要略枯燥，就会忍不住看手机，然后就刷不完了。

别说带手机是为了回钉钉和邮件这种话。非得中间处理些事情，就带电脑去。没事儿不要中断注意力，既没效率也不礼貌。问出“不好意思，刚才没注意，能再说一遍吗？”只会浪费大家时间。

2. 沟通用面谈和电话解决

现在的年轻人，尤其从事互联网工作的，都觉得在线沟通足够方便，很多还提出了未来全民在家办公的理念。

任何需要沟通的事情，如果对方就在公司，最好直接去找；如果不在，最好直接电话沟通。除非特别无关紧要的，或者无须尽快确认的，否则不要用微信、QQ、钉钉或者邮件解决。

看似面谈、组织会议和电话沟通会耗费一些成本，但相比在线文字交流中对沟通效率的降低（每个人未必都把注意力集中于此）、对信息的损耗（文字传递的信息有限且不准确）以及对时间的拖延（对话很容易变成异步的），仍然会是更好的选择。

另外，面谈和电话还有一些附加的好处，比如可以传递善意和诚意。

3. 用绝大多数人都在用的工具

有人觉得用自己擅长的工具效率最高。但实际上除了工作内容是完全独立、无须任何协作的工种，用身边同事都在用的工具才可以最大化工作效率。

比如我之前的同事都在用 Keynote 的时候，我还坚持用 PowerPoint，因为不熟悉 Mac 系统的操作。可是我做出的文档，要给同事使用、修改、播放，每次都大费周折，这时候我的坚持就很没必要。

同理，像在我们行业，如果产品经理、UI、UE 和研发人员各自用不同的任务协作工具、知识管理工具和需求工具，那结果就是每次协作节点都要做一次搬运，最终协作成本会远高于大家使用同一套工具所消耗的学习成本和转移成本。

这也是成本核算的结果。

4. 搞明白同事都在做什么

这不仅是对产品经理的要求，实际也是对几乎所有职业的要求。

从事情本质上分析的话，我会这么描述它的意义：只要想升职，就意味着需要负责更多的事；只要想负责更多的事，就必然要了解自己目前所辖之外的事。

阿里、腾讯的产品线负责人，不可能是只精通产品设计、市场运营或者技术研发而上位的。

有人会对一个公司总裁原来是首席人力资源官或者行政副总裁而有疑惑，殊不知，在他们的段位，要做的已远不止人力和行政那点事了，他们对公司业务、产品的理解，远超基层和中层的业务、产品人员。

另外，从事情表象来看，熟悉各个协作方的工作内容，明白他们的困难和痛点，会相当有利于未来协作，因此你也能更好地完成你的工作。

所以，下次同事说“反正你也不懂就不解释了”的时候，多说一句“哥你就解释解释嘛，一回生二回熟，下次我就明白啦”是极好的。

5. 别怕认错

不要害怕认错，尤其是在以下两种情况下：确实是你的错；是许多人一起背锅，不太好分。

害怕认错一般有两个原因：爱面子；怕影响自己的业绩或者威信。前者不用说了，还是得克服一下。后者成立的前提，是领导或者同事思维都过于简单，只以你的认错来判断你是不是真靠谱。

在大多数情况下，领导和同事不会是没见识的人，不会以你有没有认错来判定你的能力和价值。他们会在意事情本身发生的前后关系，以及你犯错的严重程度。下次再安排做事，往往会找更有经验的，未必是从来不犯错的，也不会是犯了错死不承认的。

6. 领导的事都是大事

按职级来看每个人工作内容的重要程度，往往是没错的。但如果 CEO 天天在想交互，销售人员在想公司战略，那这个公司铁定要完。

一旦接收到领导的指示，或者领导的领导的指示，优先执行不是谄媚，而是正常的职业态度。如果他认为这件事需要他来安排你做，那通常都是重要的事。（要是真的遇到不靠谱的老板，每件安排你的事儿都没价值也不重要，那还是走人吧。）

之前我就遇到过老板安排的展示产品需求的任务，从我们部门角度来看，对业务没有什么帮助。但后来知道这是给外宾、投资人看的，直接影响到企业形象，也影响到下一轮融资，那就不会是件不重要的事了。

许多时候，领导没有必要跟你解释很多，所以在无法揣摩他背后想法的情况下，稳妥的方法都是先放到最高优先级去执行。

7. 利用好暗时间

《暗时间》是之前很火的一本讲时间管理的书。在工作中如果善用暗时间，会事半功倍。

最近开始带应届毕业生了，那早上出门晚上回家的路上，有没有读几本管理方面的书？

最近跟某个部门同事关系有点僵，那午休的时候有没有拉他们一起吃个饭聊聊天？

最近职场成长遇到“瓶颈”，冥思苦想好几天未果，那下班后有没有约个前辈请他指教一下？

说到底，就是“挤出碎片时间”和“利用这些时间解决遇到的一些工作问题”。

接受碎片化的知识有什么弊端吗

我的看法是碎片化阅读并没有错，甚至是特别正确的必然趋势。

我同意不少人讲到的论点：

1. 碎片化信息相对真正的知识结构，只是管中窥豹。

2. 碎片化阅读容易让知识和信息过分娱乐化。

3. 碎片化知识浮于表面，很容易被人拿来炫耀，而不是自我学习。

但这并不是碎片化阅读本身的问题。

聪明人不会指望从碎片化知识里真正学到系统的东西。当然你可以说是碎片化阅读导致了很多人徒有其表，也让很多伪科学横行。但没有微信、微博就没有这些了吗？该炫耀的还是会想办法炫耀。

作为产品经理，我就从比较宏观的层面上，聊下为什么我觉得碎片化是好的。

1. 碎片化有利于信息的数据化和结构化

记得小时候学习新闻题材的时候老师就讲过，新闻的标题要让读者一眼看懂是什么事，想了解再多些可以看导语，想再了解多些可以看第一段话或者每段的第一句话，想知道所有信息则可以全部读完。这是按顺序来的。

所以将系统全面的知识进行总结，以文章形式，甚至一句话、几个标签来标明表达的重点，是能够快速将复杂的知识数据化和结构化的。

这样的知识从技术层面便于建立索引，也就更有助于快速搜索和筛选。

比如往常你要了解一家公司的信息，可能需要翻阅大量网站，在更早的时候，可能需要去实地考察、找人做访谈，或者找咨询公司提供帮助。

现在到微信或者微博上搜一下，很快就能查到这个公司相关的文章。这些文章之间可能还与更多信息有关联，你能快速搜集到大量关于这家公司的信息。

《如何阅读一本书》里提到了阅读层次，作者建议对大部分书籍进行检视阅读，感兴趣的进行分析阅读，更深入的、更专业的读法是主题阅读。

碎片化阅读正好为检视阅读提供了绝佳的条件——你根本连书都不用买了。大规模地浏览别人总结的知识，并不是为了得到它们来炫耀，而是为了快速筛选自己的兴趣，知道哪本书值得读、哪些知识值得研究。

对于那些喜欢拿只言片语的小知识来炫耀的人，你以为不让他看微信、微博，把专业书籍都放在他面前他就会看吗?

说句题外话，当时大规模的长微博图片出现在新浪微博时，我还在锤子，老罗就不止一次表达了他痛心疾首的批判：现在用图片代替文字来传播信息是一种退步。

因为图片的形式无法变成数据化的信息，积累得即使再多，如果不能搜索筛选的话，也不能产生价值。

2. 碎片化有利于信息的传播

微博和微信朋友圈的火爆，带来的是碎片化信息的快速传播，无论从哪个方面来说，都是进步的。说得大一点，就是至少每个人都有发声的机会了。

过去一些科普知识只会出现在少儿读物和专业杂志上，现在也会在大众视野里出现；以前的很多领域内的情况、行业内的黑幕现在也可以见诸朋友圈和知乎；同时，很多有能力的记录者和写作者，也有了发挥空间。

在这期间，不可避免会出现谣言，也会出现抄袭。不过这几年大家共同成长，对谣言渐渐有了分辨能力，对抄袭也开始有所关注。

不管怎么说，让躺在图书馆、藏书室里的很多专业知识能以大家喜闻乐见的方式快速被消费，绝不是件坏事。

3. 碎片化有利于个性化推荐

基于刚才说的两点（碎片化信息的结构化；碎片化信息的强传播性），你会发现身边的知识越来越多是你自己主动获取的，或者说有产品替你做主动推荐了。

你微信上加的好友都是三观差不多、生活环境类似的，你看到他们朋友圈的内容就很可能是你本来想要的；你在微博和知乎关注的都是你认可和感兴趣的人，那得到的知识就都是你关注的。

在积累了很多用户数据后，你会在豆瓣和亚马逊看到系统自动做的推荐。未来所谓的大数据和云计算真正成熟后，你看到的所有内容都可以是自己定制的（类似的产品有“今日头条”，以及最近很火我也很喜欢的“即刻”）。

可是在过去，大家基本是看同样的电视节目、读同样的报纸。

而现在，碎片化在各个层面实际上都提高了效率。

我过去也觉得碎片化阅读就是快餐文化，没什么用。但回过头来，我发现这两年知道的东西，远比过去十年知道得多。而想了解的系统的、完整的知识，也并没有因此就不去学习。

善用碎片化阅读，肯定比一年漫无目的读一百本书有意义得多。

思维混乱、条理性差应该怎么提高

纯理论的东西是很难掌握的，有些回答虽然写得认真，但你确定别人能看得下去？况且看得下去就能用了吗？而且就跟学习一门语言一样，只会了语法等于什么都没学。一句话用语法拼出来，和一想到就脱口而出，中间差着一个天文单位。

那怎么办？练啊！

随便举几个例子。

1. 对信息多做独立思考和判断

早上被鞭炮声吵醒，哦，想起今天是元宵节。打开手机，知乎收到 69 个赞，微信有 15 个妹子的好友申请。为什么这么多？哦，看到知乎推送了自己的回答，肯定是因为这个。

出门吃早饭，楼下全家的豆浆居然卖完了，哦，今天是很多公司上班第一天。全家隔壁的烧烤店关门了。年前就发现这家店门可罗雀，大概主要是因为这边是东行单行道，交通不算便利，从东边白领居多的公司聚集区过来都要绕远路；另外这边停车位实在太少。人行道前等绿灯时，英语培训的小妹又来给我推销，我说你找过我五次了，其中第二次我都去你们那领过书填过表了，她才讪讪走开。这家培训单位为什么要在这么远的路口做推广呢？哦，原来这边路口南北绿灯时间长，而红灯时间长的东西方向正好是白领们上班的必经之路，等灯的时间大概

80秒，正是最好的时机。

到了公司，先刷10分钟知乎。网上大V们又在对柴静的事儿说个没完。这是个有意思的主题，先看看他们怎么说的。当然进行人身攻击的都可以直接跳过，傻子也知道这跟演讲没什么关系。硬说有关系的自然是要摆好自己站的队的姿势。

嗯，10分钟过去了。开始工作，工作内容比较繁杂，也不好描述。我们直接到下班时间，出门发现公司楼下的餐馆正在搞促销。他们家的饭菜难以下咽，开业两个月没多少客人，果然快撑不下去了。看促销程度，估计这个月再不翻身就得黄。

今天出门路灯已经亮了，想想好像以前没这么早。是不是每天路灯开关时间都是根据实际情况调整的？开百度搜下，果然如此。很满足。路上又遇见英语培训的小妹，看她用的是iPhone 6，心里快速计算了下按普遍发传单的时薪算，她每天能赚多少钱，结论是手机或者是别人送的，或者是她之前还有别的工作。我比较倾向于后者，跟她聊了两句，果然她是在GAP期间，后续的工作还没入职，每天宅着也没事，所以出来赚点零花钱，顺便晒晒太阳也挺好。

……

观察到一件事，不要止步于我知道了，要多问一句，为什么是这样？看到别人做出的结论，不要止步于原来是这样，要多想一想，还有没有其他解释？有众多观点对立的争论，不要止步于反正我就是觉得这边肯定说得对，要多看一下，是不是大家都有道理，只不过角度不同？

现在Wi-Fi遍地是、流量白菜价，真的是获取信息最好的时代。求知欲是会不断膨胀的，随之还会膨胀的就是思考的乐趣。

2. 观看、参加辩论

辩论赛是最能获得逻辑训练的辩论活动。可惜一方面大家觉得为一个本就没有定论的话题吵来吵去，这是小孩子玩的事情；另一方面大家对辩论赛不了解，觉得就是争论，只有爱吵架、爱闹的人才会感兴趣。其实，我在加入辩论队之前也是这么觉得的。

后来发现，辩论给我开启了一个新的世界，说实话，在当时已度过的20年人生里，我从没有接受过那么具体和系统的逻辑训练。辩论中的立论、攻击、防守、总结，跟平时的“争论”“吵架”都不是一个范畴的东西，这里就不具体描述了。

感兴趣的话可以看看正规华语辩论赛的视频，从蒋昌建（现《最强大脑》主持人，辩论界最早成名大神）开山立派，到“宝岛辩魂”黄执中（辩论界之“神”）横空出世，再到“温柔一刀”马薇薇（新东方教师，华语最佳女辩手）2003年大战黄辩神，这么多年辩论界风起云涌，现在想想都热血沸腾，手脚冒汗。

如果实在对正规辩论赛不感兴趣，到网上看看别人吵架倒也是一种办法，虽然很多逻辑线都不清晰，需要自己去发掘。

如果连这个也看不下去，《奇葩说》倒也是个不错的选择，虽然作为娱乐节目，有点低龄化，但有黄执中、胡建彪、马薇薇这几个早年成名的大神护航，有高晓松、蔡康永这两个“特别会说话”的嘉宾插科打诨，也是可以学到一些东西的。

在看这些东西的同时，心里要不断地想：他为什么这么说？如果是我我要怎么说？这两个问题想清楚了，你的逻辑训练也就有意义了。

不过我还是不推荐看太多理论的东西。你完全搞清楚“过度概括”“不完全归纳”和“循环论证”这些词的意思，可能就是每次翻出小本本来对照着，“哦，他这里好像犯了这个错误”，过了十分钟“哈哈，你这是熏青鱼谬误！”

当你每次发现逻辑上的错误，能想到“这不是马薇薇惯用的那个方法吗”，就够了。

3. 生活工作中有条有理

条理是最简单不过的了，只要严格按三条来就行：

A. 内容分条；

B. 分清主次；

C. 简明扼要。

这是我很久之前考研的时候惯用的手法，可以参考这个回答：“考研政治怎么复习？——刘飞的回答”

我当时是这么写的：

简答题的回答，首先当然要分条，不分条就已经是半只脚在棺材里了。然后，第一条一定要点明题意，就跟作文的题目一样。比如有个题问这段材料说明了实践论的哪些原理，你就必须在第一条里完整地写下这段材料说明了实践论的哪些原理。后面第二条表述材料表明了什么样的状况，最后解释为什么跟实践论的这些原理是一致的。三段论的写法百试不爽。再提醒一下，最重要的句子写在每条的前面，最好能跟后面的阐述区分开来，这样判卷老师看到三条的第一句话，分数就拿到手了，而那些写得再正确但是没有分段没有条理的答案，老师愿意自己在密密麻麻的段落里找到一句可以给分的地方就不错了。分条不仅仅可以用在三段式的这种答题方式上，也可以用在很多分时间的、分类别的题目中。分条永远是王道，也是政治主观题的绝招。

平时跟人传递任何信息都可以试着用这种方式，聊天、开会、发邮件、写报告等。

比如，你是领导，要安排一个项目给大家，就不要笼统地只说项目本身做成什么样子，可以按时间划分、任务负责人划分，每项再写清楚要求是什么。

原来的项目内容可能是：

下个月要开年会，各部门都要参与，大家出些节目，道具可以买，场地提前约定下，大家估算出要花多少钱、要准备什么，然后尽快开工。对了，记得发邀请函。

细化下可能是：

截至本月底：请 HR 和财务部门协同计划年会详细内容，估计预算；

4.1~4.15：请各部门准备节目，由 HR 总监负责监督；

4.16~ 4.18： HR 配合各部门进行节目彩排、道具购置、布置场地，市场部门负责邀请函发放；

4.20：年会。

其实就是几分钟的工作量。

比如，你要汇报工作，就尽量别用流水账。

原本可能打算说：

报告老板：今天我去找了合作单位 A，他们老板态度很不好，一副不想继续跟我们合作的样子。好像听说有另外一家公司 B，价格优势明显，提供的服务也差不多。我还问了问小李的意思，他建议还是选原来的 A。我问为什么，他说 A 已经合作过了，很多对接的工作大家熟悉，换来换去会有工作量。我又问财务的意思，他们说，如果 B 价格那么低，后续长期合作能给公司省很多钱的。我也不知道现在该怎么办，就等老板您拍板了！对了，A 的老板态度不好可能是他家里出了些事情，倒也不能全怪他。

显然需要梳理。对于老板来说，他需要知道的是情况如何，怎样解决。所以你应该提供的是——

报告老板，我们平时一直与 A 合作，今天我调研了一下另一家公司 B 的情况，发现他们提供的价格更实惠，两个方案请您定夺：

一、继续跟 A 合作，价格偏高，但有合作经验，开发没有工作量。

二、转而跟 B 合作，价格低（一年可节约 5 万元），但开发有对接的工作量（估计在 10 ~15 人 / 日）。

怎样提高说话的技巧

1. 事前做足准备

很多时候对谈话时没有达到预期效果的担忧，以及随之而来的紧张感，都源于准备不充分。

最完整的准备就是台词或者讲稿了，很简单；其次是把要讲事情的来龙去脉都成竹在胸，考验一定的表达能力；最难的是你掌握了很多知识、信息或者数据，要针对不确定的情况来实时做出判断并说出更合适、有效的话来。

这三种类别对应的例子分别是演讲、会议和谈判，而在生活中常见的闲扯也会根据内容有不同的准备。你讲一个跟很多人都讲过的段子，你突然想到一件上午刚遭遇的事情，和你对别人提到的观点发表评论，就分别对应了这三类。

从易到难，哪一种都需要我们有充足的准备。演讲可能是熟读讲稿就可以，开会则要求你把要讲的要点先做总结，把 What、Why、When、How 这些因素都整理清晰。最难的是谈判，或者你遇到临时的情况需要及时反应，这些场景并不是不需要准备，是你需要做更多的准备。

举个很容易懂的例子，相声演员的很多临场反应都让人拍案叫绝，这并不是他们聪明或者反应快，是他们已经熟悉了所有可能遇到的状况，并且已对所有状况有所准备。

在跟别人谈判前做足背调，在开会前跟与会的同事先简要沟通，在跟情人吃饭前准备几个笑话，都能一定程度上让你“更会说话”。

2. 有针对性的练习

练习也是准备的一种。你要培养哪种场合下的交谈能力，或者跟谁之间的沟通能力，就去这样的场合、找这样的人练习。

长期练习培养出来的惯性，能保证至少不会出错，更重要的是，能让人不会怯场。

在演讲方面，推荐阅读《乔布斯的魔力演讲》。

谈判、会议等正式场合的沟通方面，推荐阅读《罗伯特议事规则》。

如果想要巧舌如簧、口吐莲花，段子信手拈来，多刷知乎就好啦。

3. 注意别人感受，多做复盘

不管是演讲、谈判、会议还是闲聊，都是在跟别人沟通，所以别人的反馈是最能反映出问题的。

观众们看起来没兴趣、观众们热烈鼓掌；谈判时对方很满意、谈判很容易就谈崩了；开会效率很高大家都认可你、开会效率很低大家都在扯皮；大家都愿意跟你聊天、大家都不太喜欢找你说话……你意识到这些的时候，就要了解，他们满意或不满意的原因在哪里。

好的地方，以后多发挥（这个段子好笑，记下来多跟人讲）；不好的地方，以后注意别再犯（我语速太快，以后要慢些）。

4. 讲事情时，注意逻辑和条理

如果能从某个维度按一定逻辑顺序讲明白的事情，就不要东一嘴西一句，也不要只挑重要的部分说。

比如故事，要先讲背景、人物，再从起始讲到过程讲到结束。比如说观点或者意见，也要把原因和理由解释明白。

另外，一件事但凡能够被拆解，就千万记得要拆解成一条一条来说。尤其是略正式的谈话和沟通，没有条理和逻辑，说到最后可能一个问题都没有解决。

第七章　产品经理的个人成长

在产品经理的素质中，个人自学能力以及成长性永远是要考察的重点。产品经理面临的外部环境时刻在变化，用户心理、用户场景、行业市场等随时都会变化，工作内容也就随时在变化。如果不能正确对待自己的成长问题，许多产品经理不仅无法升职加薪，甚至都可能被时代抛弃。

如何成为一名产品经理

1. 先审视自己

很多关于产品经理的问答里都提过所需的素质和能力了，不过我想说的是，在这些方面任何人都会高估自己。

逻辑能力？我当然有逻辑思考能力啊，我初中奥数比赛得了三等奖呢，我写文章都还分 123 呢，我身边朋友都夸我聪明呢。

沟通能力？我有沟通能力啊，我每天跟大家说好多话呢，很多人喜欢我，我进了 10 个微信群，还是 3 个群的群主呢。

对产品的热情？我下载了 400 个 App，每天都打开看呀，我特别有热情，我自己画过 10 个产品稿，我天天给微信提建议呢。

这些能够说明问题吗？

逻辑判断、沟通协作、对产品的敏感和热情，不是指一个正常人都会有的基本思考能力、基础的交流能力和玩 App 的兴趣。

关键不在于你自己怎么看待、你身边的朋友怎么看待，而在于你能否证明，你用这些能力解决过实际问题。

比如，在逻辑思考方面，你是不是每次做事都能看到背后的原因？在网上经常出现的中医粉黑之争、转基因骂战里，你是随手就扛枪上阵骂街了，还是可以看出大家争论的焦点？是否知道大家的分歧所在？你是不是还常常伤春悲秋、喜欢逛逛豆瓣听听民谣？通常来说，一个人的感性和理性总是成反比的。

比如，在沟通方面，过去跟同学、亲友发生的冲突和矛盾里，你都是居中调停的，还是始作俑者？平时大家聚会，你都是最后出现的，还是第一个主动组织的？别人对你比较信服、比较尊重，还是最喜欢挑逗你、开你玩笑、有点轻视你？你的沟通能力只是满足了基本的社交需求，还是真正能影响到别人？

比如，在产品的热情方面，你只是从用户角度玩了很多 App，还是每次都会思考他们为什么这么做？遇到不舒服的功能，有没有想过怎么去改正？再深一层，有没有想过他们为什么没有改正？除了眼前的交互和设计，有没有想过产品逻辑和商业模式？

重新审视自己，真的有这些素质才算可以做产品经理。只是因为赚钱多、上升快、兴趣大，无法构成你能成为产品经理的充分条件。

2. 自行搜集资料

难以想象在今天还能找不到想要的资料信息。在连网上买本书第二天就收到了，还有什么借口呢？

百度“产品经理新手”，有一千多万条答案。前面几条都是“知乎”和“人人都是产品经理”社区的文章。够看一阵子的。

百度“产品经理入门”，也有一千多万条答案。同样能看很长一阵子。

看完了百度这些，再定向地到来源网站看。

知乎的“产品经理”话题下，有 1000 个精华答案；人人都是产品经理社区，有更多文章。光“产品经理”这个话题，就有 3170 篇。

你说这样学习不系统，那就去买书看：京东搜“产品经理”，第一页的书都值得读；你怕比较热门的书不一定靠谱，可以去豆瓣查；你又说豆瓣的评分不一定准，那就去看别人列的书单。

这些资料和信息都浏览过、了解过，再考虑问有深度的问题吧。反观自己，也就知道差距在哪里了。

3. 应聘和入行

对于大多数只是想尽办法在面试中打动别人，而不是想尽办法先提高自己的朋友，说实话我也不会招你的。

刚才说的两点翻译过来很简单：先知己，再知彼，然后就知道差距，再去弥补差距。

把精力投入在修改简历上、找各种圈内的牛人推荐上，是没有意义的。

个人建议，有几步要做：

看自己究竟适不适合做产品经理。方法有很多，看看别的产品经理在干吗、他们是什么样的人、他们有怎样的素质。如果见不到，就想办法去见。比如在行。

觉得自己合适，就看哪些地方还需要提高，去学习、锻炼。可以看上面提到的那些文章和书。也可以找导师、报培训班、去找地方打打杂。尤其是打杂，就别太在乎你的待遇是不是业内平均水平了，你的能力没有达到业内指标，没办法要求太多。

在简历和面试中，发掘自己符合产品经理要求的能力，体现出来。不要讲前面提到的那些零碎的家长里短，讲你做的优秀事迹。简历可以参考这个：“应聘互联网公司的简历应该是怎么样的？——产品经理”。

不停地写竞品分析报告、产品需求文档和优化建议，不断优化、不断去改。尤其是你特别喜欢一个公司的产品，那就钻研透，不要泛泛地只了解到普通人一眼就能看明白的（有几个功能、界面好不好看、按钮放置合不合理），要提出来让他们的设计者们眼前一亮的建议。很多朋友，我说你可以看看这个产品，他们就花 5 分钟下载好，火急火燎地说好跟不好，这样说出来的能有什么质量呢？

如果在你没入行的时候，千万不要去没有人带你的团队。在那里多工作一天，你就离成为产品经理更远一天。去有厉害产品或者厉害产品经理的地方，他们不要你，你就争取，就去问他们为什么不要你，努力成为他们想要的那种人。而不是看你现在能去哪儿就去哪儿将就。

要是折腾了很久，还是没有找到东家，那也千万不要自己去创业折腾产品。道理就不多讲了。这时建议想办法先去互联网公司做点别的事情，慢慢接触到真正的产品。耳濡目染，成长还是会有的。

如果最后实在是连互联网公司都进不去，那就先按兵不动。很可能你本就不适合做产品经理，还是先做好原来的工作吧。

现在最容易成为产品经理的，还是知名高校的相关专业应届毕业生，现实很残酷，但你得接受。

产品经理成长的基础三要素

俞老师曾在讨论会上提到产品经理成长需要的很多因素，其中有阅读、经历和思考。我也一直在考虑产品经理的成长要素，于是简单梳理下截至目前的想法。

产品经理的成长环境之前提过多次了，需要好的环境和好的导师，这是外部条件。许多同学会来问，那需要我们平时工作和业余时间做些什么，才能提升成长速度呢?

抽象一下，类似俞老师提到的，我认为成长是有三要素的：学习，思考和经历。

学习、思考，几乎是掌握所有学科最重要的环节。你要死记硬背，要学会怎么考试怎么拿到学分，那属于学的范畴；不能光学，还要去思考，去想怎么举一反三，去想每个理论的复用性和应用场景等。

而我也提到过，产品经理是实践学科，光学习和思考又是不够的。这跟某些学科不太一样，比如数学形成自洽的逻辑就不需要现实生活的验证了，物理学也可以基于已有的发现和客观事实来推演更多理论，可是产品经理的方法论类似经济学家、社会学家，关起门来不面向活生生的人，是很难掌握和发现的。

1. 学习

学习对于产品经理尤其初阶的同学来说，最常见的是模仿，有好的工作环境的同学可以模仿自己的领导，掌握一套工作方法；公司环境差些的同学，会到论坛、社区找一些文章看，或者看书，也有一些会参加培训。

这些都要归类为学习。我们一定要清楚：在产品经理经验能力上，单纯的学习没有作用。

所有的讲管理讲工作技能的书，甚至包括励志书心灵鸡汤书，阅读它们本身没有意义，你读之前能力是60分，读完了能力也是60分。因为这些通通都是关于实践的理论，这些理论你记住了，没有运用到实际工作中，就是没有掌握。或者反过来想，真的有可供加分、在履历上有浓墨重彩一笔的好的产品书，那应该都是人手一本，新人不用实习不用工作，先读完了再说——显然是不存在的。这也是为什么在简历上写读了什么书是很荒唐的，谁还没读过几本书呢？

看文章、参加培训，如果是单纯想要“提升产品经理的综合能力”，同样是没有意义的，你看文章之前、参加培训之前是什么水平，看完了、参加完了，还是同样的水平。

有意义的是什么？是定义清楚问题，再学习如何解决一个问题。

我发现自己不了解用户，应该用哪些调研方法？这些调研方法有哪些成熟的经验和技巧？去搜集相关的书和文章，去看知乎回答，去找专家咨询等，都是在解决这个问题。当你解决了这个问题，懂得了怎么做用户调研和理解用户，那你这方面能力就是30分到80分的提升。

我在滴滴工作时经常遇到价格问题，价格在历史上、在经济学上有哪些成熟理论？可以通过很多方法去了解和学习。直到发现解决了工作中关于价格的问题，有了很多经济学上的认知，那么我也是从 30 分到 80 分的转变。

盲目地根据“我要提高产品经理的能力”去学习，没有意义。

2. 经历

这其实是大部分产品经理最难取得的资源，这也是为什么有些产品经理只能在简历里写自己读了什么书、上了什么培训班——因为没有好的工作履历，就只能去找容易获得的阅读和培训经历了。

实践对于产品经理来说太重要了，我之前多次提到，如果只翻驾驶手册，是永远学不会开车的。产品经理的价值在于基于复杂的因素做出好的决策，不在于会写竞品报告、会画原型图、会写文档、会看数据、会用某个软件。综合的判断都是看手感的，做一个真实决策的时候，不会有一本教科书、一篇文章、一个培训课程告诉你下一步该做什么。

3. 思考

学习和经历是我们已有的资源，要转换成我们自己的方法论和技能，还需要大量的思考。

思考最好还是要渗透在学习和经历的各个环节当中。比如，现在我到底要学习什么？遇到茫然的时候，第一选择不应该是不管三七二十一报个培训班、买一大摞书，更应该反思现在茫然的原因是什么，还需要学习什么，然后定向去找如何学习到这些的办法。

我在创业后反思，深知自己欠缺了打磨产品的经验，认知用户和做功能决策的经历都比较浅，那么下一步就去有一定规模的平台，好好打磨。再后来发现这个平台已经不足以支撑我向上的空间，那么就到滴滴这种巨头平台上，继续打磨成长。

除了这种各个环节的渗透式思考，还有一个思考特别重要：复盘，或者说对自我成长的思考。

很多同学都是真的痛了，才去想怎么改变。反而在舒适区的时候，人是最容易在思考上太懒惰的，舒适区又是最不利于成长的环境。

要在固定的时间周期多去看看自己成长有没有变化。跟三个月前的、半年前的、一年前的自己比，是有所成长吗？或者用更简便的方法，跟三个月前的、半年前的、一年前的自己比，看当时自己的决策都做得对吗？有犯傻的地方吗？按理说，犯傻越多越证明你的成长。甚至可以说你三个月的成长指数 = 三个月的犯傻指数。

有了经历作为基础，有了学习作为补充，在整个过程中保持思考，也就能够快速成长了。

缺了学习，就相当于自己摸索，自己硬想，不去考虑有许多前人的经验可以拿来复用，成长倒是有，但速度太慢。

缺了经历，那就是纸上谈兵了，没有意义。

缺了思考，就是死记硬背，往往掌握的都是基础技能，没办法抽象出更高层次的认知。

三者都具备，成长才会更加有效。

产品经理对产品实习生的期待是什么

1. 完成基本任务

作为实习生，一般是来承接相对基础的任务的。所以能够完成任务是基本要求。

完成任务的过程不重要，但如果结果是，每次任务的效果都不满意，可能其他同事要帮他做改动、做补充，或者我也要给他提很多意见，经常要推倒重来、问题很多，需要大家花费很多精力来帮忙，那就是不合格的。

实习生来学习是实习生的权利，但实习生来承接大家的一部分工作量这是义务。不能谈没有义务的权利。

2. 理解能力

好的实习生，还要对任务有执行之外的理解。

这个理解可能是多个层次的。比如，在做之前对目的有考量，可以问出：“这件事的目的是这样的吗？是不是真的值得去解决？”

或者，做的过程中对安排的方法有自己的判断，可以说：“我能不能尝试那样去做？”

这些细小的点，似乎不起眼，但在我眼里，是会有大大的加分的。至少证实了一件事：他 / 她在工作中是带着自己的思考在做事的。

3. 快速适应职场

好的实习生，最好能快速适应职场生活。很多学生还是带着平时做社团、做活动、参加比赛的惯常思维工作，有时会比较幼稚。

抗压能力、对工作的理解、对自己岗位的理解，都要有足够的学习和体会，才能胜任工作。

4. 良好的心态

好的实习生，应当有良好的心态。

对大部分大学生尤其名校的学生来说，常常存在个人能力认知的偏差，错以为自己多年的学习成果足够充实，对手头的工作不以为然，也没有学习精神。

我更希望实习生是不卑不亢的状态，既能虚心学习，又足够自信。

5. 主动解决问题

优秀的实习生，要能够主动解决问题。

看到有很多朋友希望实习生更加主动，当然主动并不仅仅是愿意多问问题、多学东西、多做事情，更重要的是，是不是在主动解决问题。

如果我告诉实习生 A：“我们之前有个产品的版本文档不全面，麻烦你去找小黄要下，他那里应该有。”然后实习生 A 很快去做了，过了半小时回来，说：“小黄说他那里没有。他也不知道谁有。”

我跟实习生 B 安排了同样的任务。他也立马去找小黄，过了一个多小时回来，说的是：“我问小黄，他那里是没有的，他也不太清楚。年代比较久远了，我就找了几个工龄比较大的同事问了下，最后找到了一部分，不是很全面，但估计其他的也找不到了。”

你大概能分辨出，谁是在主动解决问题，而谁是在遇到问题时就马上中断了任务吧？

应届生直接做产品经理合不合适

1. 要想掌舵，得先知道怎么划船

大部分应届生做需求产品经理或者文档产品经理是合适的，但做产品负责人或者模块负责人就不合适了。

许多朋友反对应届毕业生做产品经理，实际上是反对他们在不恰当的岗位上。有的应届毕业生对产品经理的认知有比较大的偏差，认为产品经理就是把控产品、设计功能的，忽视了很多其他的必备能力和经验。

《纸牌屋》里有句话说得好，要想掌舵，得先知道怎么划船。

要是根本不知道一个功能具体到实现上，要经历很多次头脑风暴、小组讨论、跟领导和老板的争论，以及方案改动、文档整理、版本规划和上线后的反复跟踪优化，还有跟技术部门、业务部门或者运营部门的同事交手，只能做出“一个功能看起来不错，用户估计是喜欢的”判断，是做不出好的功能的。

我的确见过一些应届毕业生，由于没有拿到大公司的 offer，就加入了小团队。小团队一般不需要太多产品经理，应届毕业生往往就是自己主导产品，或者主导一个模块。对应届生来说，这是极危险的路径，就像在完全不熟悉航海、一天水手都没当过的情况下就开始掌舵了。

大公司的应届毕业生较少存在这样的问题。许多刚入门的产品经理需要先进行一段为期几周甚至几个月的培训，熟悉工作流程，学习工作技能，然后会分到一些细碎的需求跟进，过一两年接手完整的功能模块，就可以游刃有余了。

这个问题的主要原因在于不同产品经理的工作性质差别很大，很多公司 CEO 自称是产品经理，负责整条产品线的是产品经理，做功能模块的是产品经理，写文档、画原型的也是产品经理，但不能一概论之。应届毕业生还是应该从底层做起。

2. 具备产品经理的基本素质

产品经理不是看有没有基础技能，而是看有没有基本素质。

适合做产品经理的人多少都具备同类型的素质，这些素质有的是天生的，有的是后天可以习得的。像谈起来比较务虚的产品感、用户感，都没法从几本书里、几个教程里快速掌握。

而应届生经常会犯的一大错误就是，误以为产品经理是技术工种，以为 Axure 和会聊天之于产品经理，就像 Python 和算法之于程序员那么重要。

无论是画原型、写文档、使用工具还是沟通能力强，都只是术的层面。就好像掌握了语法，背熟很多词汇，还是写不出莎士比亚的作品一样，产品经理不是这么简单的。

过去大家都说，遇到看了两本书（《人人都是产品经理》《结网》）就来应聘的应届毕业生不敢要。现在是，遇到刷了刷知乎就应聘的应届毕业生不敢要了。（并不是说看这两本书或者刷知乎不好，而是以看过这两本书和刷过知乎作为自己应聘的筹码、懂产品的理由，这样非常不好。）

3. 有没有产品感

应届毕业生不直接做产品经理，在别的岗位上提高的仍然只是协同能力。

还有一个误解是：我现在没有产品感、搞不懂产品，那我先做两年技术 / 运营 / 业务，是不是就能做产品了？

当然不是。

这还是说到所谓的素质。如果具有产品感，有逻辑分析能力和沟通能力，那么先做一些别的岗位，可能会对技术 / 运营 / 业务方面的背景有更深的理解，这样再做产品经理，能够更好地跟同事们协作并且理解他们的场景，会有更强的竞争力。

如果从来都不具备这些，硬着头皮做了几年工程师或者业务员，再考虑转行做产品经理，反而更不靠谱。反正我是不太理解为什么埋头写两年安卓或者 Python 就能成为一个好的产品经理。

产品经理是没有前置专业或者前置岗位的，因此不存在在别的岗位修炼几年就可以顺理成章成为产品经理这样的事。也许以前程序员转产品的案例多，那是因为那个年代就没有几个产品经理。

最后，建议要找产品经理工作的应届毕业生都考虑下自己的状况。有没有耐心先做几年需求产品经理，面对枯燥复杂的文档撰写和用户分析？应聘前是不是只刷了刷知乎、学了点工具就觉得可以了？是不是一时冲动想要做产品，逃避其他看起来更难找的工作？自己的经历、性格和能力，是不是能够做好一个产品经理？有没有考虑过自己未来的职业生涯？

如果这些问题答案都搞清楚了，你适不适合做产品经理也就清楚了。

高级和普通的产品经理有哪些区别

普通产品经理的一天可能是这样的：

早上到公司想一想，今天有哪些事情要处理。打开记事本，按照上面要求的任务一条一条开始做。

这里有个需求，是要给产品的聊天模块增加历史记录。看一下常见的几款社交工具App，他们的做法，心里大概有数。打开空白的Sketch文档，开始作图。

这时工程师同事来找，说有个之前的需求文档表述不清，于是大伙紧急开会核对一下。哦，原来是有个逻辑没描述好，讨论清楚就行了。大家心满意足地散会。

继续做文档，已到中午吃饭时间。刚要去吃饭，老板突然喊住，问昨天安排的那个整理产品简介的PPT有没有做好。才突然想到这事儿，记事本里倒是记了，还没来得及做。

于是叫了外卖，赶快先做PPT。花了一小时终于搞定，赶快发邮件给老板，然后继续做聊天模块的方案。

方案做完，发给UED（用户体验设计）部门。再看还没做的任务。之前有个邮件，运营部门提到，现在的转账功能使用非常不方便，用户反馈很差。于是翻出转账功能的需求文档，细细端详。

花了一个多小时，做了5个优化方案，喊几个同事一起讨论了半小时，定好细节，准备第二天完成文档提交给开发部门。

傍晚原本还有个项目迭代会，但这次人不齐没有开成。昨天也是因为人没齐。想了想他们真不靠谱，又得晚一天开，可能还要延期，自己又要背锅啦。

晚饭在楼下随便吃了点，回来看任务还有调研社交软件的商业化这项工作，于是在知乎、微博、微信公众号上把各种文章都搜出来，一篇一篇读。

读到 9 点半，感觉很充实。下班，回家。刚到家老板打电话问 PPT 怎么样了，回答说早就发邮件了啊，可能是漏掉了。老板检查了下，果然如此。

高级产品经理的一天可能是这样的：

早上到公司，打开 to do list，按照优先级给自己排一个序。老板说过有个产品简介的 PPT 很重要，所以先做这个。

PPT 花 20 分钟先做个初稿，拿给老板看，问是不是这个意思。老板说有几处不太合适。于是改掉，再继续补充完整、调整排版，最后再拉个设计师同事来帮忙点评下，调下配色和布局。

整理后发给老板。考虑到老板比较着急怕他漏掉，特地到他办公室提醒他一下。

这时大概是中午吃饭时间，想到最近跟开发部门接触比较少，就喊了几个工程师一起吃饭。吃饭的时候聊了聊近期产品的策略和开发上遇到的几个问题，顺便联络感情。

吃完饭，开始按 list 里的安排，做聊天模块的历史记录功能。

先写出这个功能的需求逻辑来，比如给谁用的、什么时候用、在什么情况下用、怎么用，这几点也都罗列清楚，然后把场景和需求结合来看，推导出应有的功能。

这时，根据功能作了 A、B、C 三个方案，然后查看常见的几款社交工具 App，取长补短放在自己的方案里。再观察三个方案的优劣，写清楚。

跟产品同事们聊了聊不同的几个方案，一致认为 B 方案最优，因此暂定 B 方案，发给 UED 部分，顺便发给开发部门的相关同事，请他们过目看可行性。

这时开发部门的一个同事来说，有个之前的需求文档表述不清。于是大伙紧急开会核对一下。哦，原来是有个逻辑没描述好，讨论清楚。然后，再跟大家复盘下出现的问题，何时出现的、为什么会出现、谁发现的、之前为什么没发现等。这些搞明白后，一起拟定了一套新的协作流程，以规避会出现的问题。大家散会。

看还没做的任务。哦，之前有个邮件，运营部门提到，现在的转账功能使用非常不方便，用户反馈很差。于是找到运营部门的同事，问他们是谁提的问题。对方说是有几个用户，于是要到用户的联系方式，直接打电话回访。记录下来 3 个问题，然后思考了对应的 3 个优化方案，给运营部门的同事过目，然后准备第二天完成文档提交给开发部门，并且提醒运营部门的同事，未来再遇到这样的问题，要连同用户的联系方式一并提供。

傍晚原本还有个项目迭代会，但这次人不齐没有开成。昨天也是因为人没齐。不能再拖了，找到今天临时有事的几个同事，跟他们说清，如果再不开会，这次迭代可能就会延期，后果要他们承担。回到工位再发送一封邮件，抄送给所有参会者和他们的领导，说明情况。大家纷纷表示，第二天上午一定把会开完。

晚饭在楼下随便吃了点，回来看任务还有调研社交软件的商业化这项工作，于是在知乎、微博、微信公众号上把各种文章都搜出来，一篇一篇地读。读的时候把有价值的观点都整理到 Evernote 里，并做好索引，方便查阅。

读到 9 点半，感觉很充实。下班，回家。

要抽象出几条解释很难，从我的故事里应该能体会到区别。非要用一句话来描述的话，就是“高级产品经理会关注和参与更多”。

对于普通的产品经理，他只负责分内的事情，诸如产品设计、项目推进、需求分析。所以跟其他部门一样，是独立的职能人员。

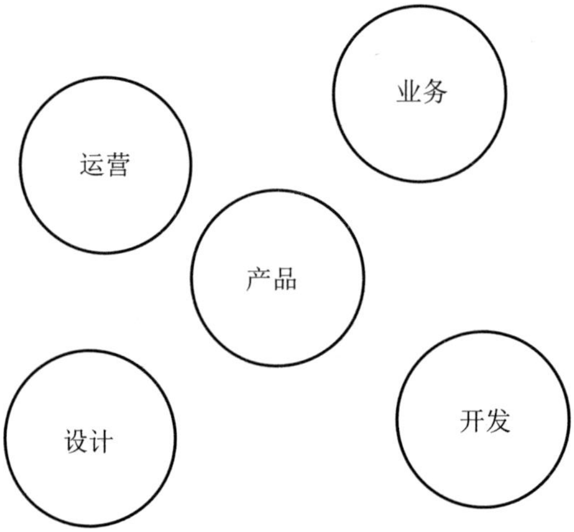

对于高级产品经理，一方面是视野和感知，另一方面是负责的事务和工作内容，都要触及其他部门，成为他们的中枢。

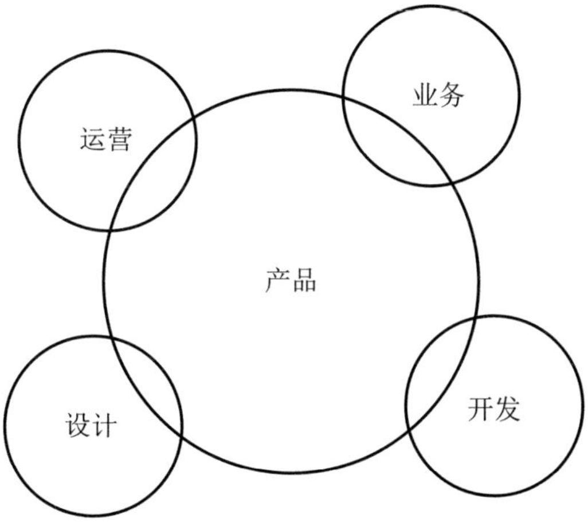

没做过成功产品怎么办

知乎上有这样一个问题——

“毕业，进入创业公司做游戏分发产品，不到 1 年，公司倒闭；

第二年，进入一家 O2O 创业公司做产品，1 年半裁员；

后来，进入第三家创业公司做众筹产品，1 年后半死不活的，跳槽；

现在，在一家创业公司做互金产品，公司也快撑不下去了。

也想去 BAT 看看，但没有成功项目经验；也想遇到有前景的业务沉淀下来，但每次都以失败告终。

没做过成功产品，我该何去何从？”

我的回答是——

前几天公司有个来面试的小伙子。

小伙子很精神，思路很清晰，也很努力。对事情有主见，大部分的判断也都正确；沟通无障碍，聊得也不错。

就是有个大问题，他几乎没做过上线运营的项目。

他很坦诚，说自己运气不好，每次上马一个项目，设计都做完了，结果老板拍板说撤掉。来回换了几家公司，换了几个项目，都是“探索型”的新产品，都不了了之。

后来我们婉拒了他。

我们婉拒的理由不是“没有做过成功产品”，而是我们觉得他心态有些问题。

在他的视角里，对这段经历的描述是这样的：我的产品设计很完善了，可惜没上线；我的老板不靠谱；我所在的环境不好；我的出身（学历）不好。

问题在哪儿？他认为这一切都是外在条件的错。只要项目上线，或者老板靠谱一些，或者环境好一些，或者背景再好些就会没问题了。对于做产品经理来说，这是个硬伤。

我所熟悉的朋友，对产品经理的定义都惊人地一致——解决问题的人。这个问题包括用户的问题、团队的问题、协作的问题。问题可能很杂很多，或大或小，但产品经理就是为了让产品顺利上线迭代，来填各种坑、铺平道路的。

如果是产品设计师，那只关心自己的产品设计没毛病。可产品经理就不能这样。

比如，如果意识到老板并不关心这个产品，有没有劝说老板认可你的能力？

比如，如果觉得产品没有得到其他人支持，有没有说服其他同事配合你的能力？

所谓沟通能力不是指巧舌如簧、能说会道，而是能够影响到别人。

再如，如果产品上线了没有人用，有没有尝试去学着做点运营方面的事情？

拿到自己的产品，有没有亲自去拉几个种子用户来用？

如果说很多时候我们的确影响不到别人，或者说运气就真的太差，公司砍掉了项目、资源急剧缩减，那么有没有主动换个环境、做点别的事情？或者说，有没有及时止损？

刚毕业的 5 年是很关键的时期，在这段时间内，觉得自己没有得到成长，有没有想过改变？觉得项目不靠谱，有没有想过跳槽？觉得没有人带，是不是还硬着头皮上？

这个小伙子没有让我们看到他曾经“试图改变”的努力，而是“既然如此，我就尽量吧”这样的心态。

我见过许多在创业公司中间来回折腾、反复跳槽的产品经理都是这样的情况。很多刚毕业的朋友没有意识到眼下最重要的问题（没有导师带、项目风险大、资源缺失），而是关注很多细节问题（这个按钮摆在哪、那个版本什么时候上、技术今天又不开心了），同时还享受着创业公司相对比较光鲜的环境（现在创业公司的办公室越来越高级了）和相对比较光鲜的头衔（初创团队随便写），缺乏思考的结果就是，没有趋利避害，没有在职场上掌握主动性，最后就大概率地成为题主所说的情况。

那么回到问题，该何去何从呢?

不要跟最顺利的人比。那些毕业就含着金钥匙，去了 BAT 快速成长几年，混得风生水起，或者创业拿了大钱成了副总的人，不要羡慕他们——已经来不及了。

对于现在的情况，做一个自我剖析，再做一些行业判断，最后再决定该走哪条路。自我剖析说的是，你到底做了什么、擅长什么。这时候不要太关心自己学历如何、背景怎样，也别在意产品是不是成功，就看自己跟几年前比，哪些地方不一样。产品经理和产品经理差别巨大，你不做剖析，只一个“3 年经验产品经理”和“5 年经验产品经理”，没有人会对你有认知的。

把得到的不一样的这些点，梳理一下，便是你在职场上的优势。跟其他的应聘者去竞争的时候，拿出这些来，而不是拿自己的软肋（产品经历）去比。

最尴尬的情况是，你跟刚毕业时没什么两样，那就真的毫无办法了，你可能需要花比应届毕业生还要多的成本才能找到一份好工作，这时候认真反思，从头再来吧。

行业判断说的是，不要只看薪资、环境和个人工作的成长，也要对公司所在的行业有一些感知，对公司的业务有一些感知。

以当前的状况，你很可能还是要去中小型的公司，那这点就至关重要了。像游戏分发、O2O、众筹和互金，都是一夜春风来千树万树梨花开的潮流行业，每次都进这样的行业，说明并没有很好地吸取之前的教训。这种潮起潮落节奏快、潜在泡沫很多的行业，未必不能去，只是反复吃亏还反复去，就不太值得同情了。

最后，结合自己的情况，做出相对最好的选择。注意，我说的是摆在自己桌面上的所有选择里最好的。有时候我们在起跑线上已经落后了，就只能先保证目前一直在进步，而不要再顾此失彼了。要是真的找不到什么靠谱的产品岗位，利用过往的优势做别的事情也未尝不可，总之，不要太在意沉没成本。

产品经理的未来在哪里

一个在职场上很重要的理念是：你能力的稀缺性决定了你的价值，而不是你的能力本身。

这跟经济学的供需原理是一致的。你个人值不值钱不重要，你在公司产生的不可替代性才重要。

初入职场，虽然都叫产品经理，但你会发现菜鸟在做的事情都一样——画原型、做交互、写文档以及跟程序员争吵。

他们都大概知道哪个按钮放在什么地方会合理，也懂得功能如何简单划分有利于用户体验，很多还在知乎开了专栏，写一些新手入门的文章，有理有据，赞同不少。跟外行讲起来可以滔滔不绝，内行聊一聊也觉得后生可畏。

但是呢，缺了他一个，市场上随时都可以再找一个。大不了找个有潜质的应届毕业生，自己培养。

而我见到的高阶产品经理，或者说非常牛的产品经理，一般有这样的出路：

1. 成为产品专家

走这条路的话，就意味着在产品方面真的要做精。要想在目前纷乱的环境里立足，绝对要有拿得出手的作品或者成绩。

1.1 做出家喻户晓的产品

就我目前的了解，真正做出家喻户晓的产品，除了要有很强的能力，还需要有很凑巧的运气。做出优秀的产品倒也不难，难的是做出天时地利人和的爆款。

只要有这么一个产品傍身，到哪里都可以用得上专家的头衔。

1.2 提出家喻户晓的概念

如果用户体验的五个要素、Don't make me think、Kano 模型、尼尔森可用性原则、长尾理论这样的概念，你能提出一个，那也可以称为专家级的人物。

即使你自己悟出了神一般的概念，但一直作为专精某个产品环节的实践者而不是布道者，意义并不会太大。因为产品设计并不是很多项目的核心价值，专精产品设计中的某个环节就更不会起到太大作用了。

没有公司会因为 Kano 模型而成功的，但 Kano 模型却可以让你自己成功。

1.3 成为产品领域的导师

没有很厉害的产品、没有很厉害的作品，但也许你有很厉害的一些学生，那也是一种成为产品专家的思路。

很多产品领域的大牛就是因为几本书、一些专栏和经典的普及入门知识的文章走红的。

2. 顺势转行

产品经理接触的工作非常杂，在不同公司、不同项目甚至不同时期，都会做不一样的事情。所以在锻炼好基本功之后，尝试转向某个更容易成长的职业方向，是我见到的大部分优秀产品经理的选择。

说回刚才提到的不可替代性，对于产品经理来说这点非常难做到，因为产品经理起到的大部分作用，都可以轻易被别的产品经理替代。无非上手快慢、效率高低的差别。

而且产品经理起到的作用，很难快速量化，换句话说，产品经理的工作产生的价值，也很难快速体现。

滴滴打车成功了，大家都说产品设计里有很多好的地方，但谁会说滴滴打车是因为产品成功的？

所以目前事情在变化，很多产品经理都会参与更多的运营工作。

产品和运营原本就是不分家的，产品经理不考虑所负责功能的商业价值和经济效益，他的不可替代性就小。如果一个产品经理，不仅能够设计好的体验，还能设计好的在运营上可以提供支持的功能，同时还可以通过数据来推进迭代、驱动运营方案，那这样的产品经理就是非常珍稀了。

从这个意义上说，这也不算完全转行，而是说基于自己的专业能力，能控制住更多对公司产生价值的环节。不仅局限在运营，在技术、营销、数据、市场等方面，都可以找到好的发挥余地。

现在我听闻很多公司的部分划分不会切割得太细碎，而是更多地以项目组、产品线的方式来运作。这是产品经理能顺势发展的方向。

比如 Growth hacking，就是一种技术驱动运营的策略。能够做好这种事情的技术总监，会比只能带团队写代码的技术总监值钱多了。

这就是我所认为的产品经理未来的出路。相信你理解我的意思。

产品经理的时代正在慢慢结束吗

这个问题的结论用我的话归纳一下就是：人人都是产品经理的时代结束了，职业产品经理的时代开始了。

大家可以回忆一下程序员刚出现时，每个码农都称得上是“全栈工程师”吧。当时很多项目开发流程并不标准，对品质的要求也不会太高，所以除了巨头企业，并不会分工太细。

但十年过去了，现在即便是一个小创业团队，也至少会分清服务端工程师、iOS 工程师、安卓工程师和 Web 工程师，不会轻易招一个安卓工程师来写后台，也不会找个前端工程师做手机端。而且显然对专业性方面的要求更高了。你不仅需要实现功能，还要保证代码不冗余；不光要让代码简洁，还得有极强的扩展性。

对领域的细分更多，对专业的要求更高，这两点也正在产品经理身上发生。

1. 互联网产品的类别越来越多、差别越来越大

过去的互联网产品，最早的巨头是清一色的门户网站。再后来，BAT 三分天下，开始走不一样的路。时至今日，全国有几千万个互联网项目在折腾，每个市场几乎都有互联网产品在觊觎。

最早的产品形态很趋同，网站的形式简单、软件的形式也很简单，后台产品更不用说了，就那么几家。移动互联网出现后，产品之间越来越不一样。比如布

局的方式，就有宫格、列表、边栏、标签等多种样式。

再如，线上社交的产品，和涉及线下服务的产品，产品逻辑也全然不同。

另外，由于业务需要，像后台产品，规模稍大些的公司，都不会用第三方。后台产品经理的需求也在节节攀升。更不用说其他比如CRM（客户关系管理系统）、客服等内部使用的产品，自己招募团队完成，应该会成为常态。

我并不觉得现在同质化严重。反而是每天都有新花样的产品出现、每时每刻都有新产品在挑战旧霸主。

从这个角度说，对产品经理的要求真的不仅仅是“想个主意”这么简单。

2. 用户的需求越来越杂、产品的复杂度越来越高

相应地，随着互联网的发展，不仅是用互联网产品的用户多了，他们的需求也变多了。原本可能只是满足基本需求（能完成任务、做成这件事，专业说法是“可用性”），现在也要追求附加价值，比如是不是用着顺心、用着舒服、用这个产品的时候是不是又快又好。

从诺基亚到苹果，飞跃的既是产品的复杂度，也是用户的需求。大家不只满足于“能够打电话”“能够看照片”和“能够上网”，而是要“很舒服地打电话”“很舒服地看照片”和“很舒服地上网”。进一步说，大家还需要苹果手机本身给自己带来的光环，不然为什么都选玫瑰色。

要解决这些问题，可不是工程师够多就行了。还需要更多厉害的产品经理、更专业的产品经理，来满足大家日益增长的需求。

试想下10年前我们使用互联网产品的心态，往往都是费尽心思一定要搞定，出了问题甚至会查攻略、给朋友打电话、向客服求助。现在呢？注册的时候多一个步骤，你就走开吧。

这些也给产品经理提出更高的要求：要懂各种知识，要理解各种用户，要完成更难的工作。举个很简单的例子，很多老板觉得做产品经理很简单，自己去兼任，结果出来的产品都是惨不忍睹的。

3. 产品经理将随互联网渗透进各行各业

我之前提过，互联网在过去可以称得上是特有的“行业”，就跟旅游业、出版业、房地产业是一样的概念。但未来互联网肯定是会渗透进各行各业的，未必是所谓“互联网 +”的形式，但未来人们看待互联网，不会把它当成特殊的领域，而会当成谁都用得上的工具。

现在的层面还比较浅，但也有了雏形。只要是有点规模的公司、企业、单位，都在做自己的 App，不管功能体验如何，这些 App 都是产品经理做出来的。未来它们会起到更多的作用，道理很简单，过去的很多信息方面的记录、传递、处理，都是落后的。互联网就是解决这个问题的。

比如我认识一个传统行业的朋友。他告诉我现在他们的记录和通信方式特别落后，每个人平时工作都要拿厚厚的本子，整理的时间花去工作时间的大半。在需要领导签字的时候也是无比麻烦，需要挨个去找，费时费力。这样的流程，未来必然会被手机工具取代（在线记录、电子签名）。

类似的行业有很多。只不过没有到时候。

就跟个人电脑普及之前，大家用的还都是手写表格、手写文档，觉得电脑是个新奇玩意儿一样。未来互联网工具普及之后，任何人都会对在手机上完成生活工作的大部分任务习以为常。

而这些产品、工具，都是要由产品经理去做的。

上面说的三方面，其实就是在表达移动互联网并没有成熟、产品经理并不只是做创新和产品显然并没有同质化。

综上所述，我觉得职业产品经理的时代刚刚到来。

未来，产品经理可能会细分到技术型产品经理、运营型产品经理、体验型产品经理，或者按领域区分为社交产品专家、后台产品专家、电商产品专家等。

产品经理也会有更成熟的培养体系和成长体系出现，在高校里产品设计、项目管理这样的课程会越来越多、更加专业。

整个行业，也会出现公认的教学著作和指导思想，产品方面的知识不再是零散的、虚无的或者模棱两可的（看看张小龙被解读成了什么样子吧），而是逻辑自洽、经过实践检验的、屡试不爽的。

那时候，可能就不会有人对产品经理有这么深的误解了吧？至少不会觉得产品经理就是每天在想点子的人吧？

五年后产品经理职位会消失吗

在信息不发达、机制不完善的年代，每个村都有每个村的规矩，有问题全靠乡绅和族长来解决。

村里有纠纷需要解决，乡绅以对村子里各种状况的理解，以及个人的判断力和沟通能力，来帮助大家搞定，既要照顾事情的情理，又要照顾事后判例的影响。

村里有大项目要上，乡绅带领大家安排工作，规划项目进展，把控资源配置。

村里遇到了大困难，乡绅去发掘背后的缘由，找到解决方案，跟大家协商去执行。

需要跟邻村协作，也是乡绅出马，跟隔壁村的乡绅一起讨论，共同推进。

随着社会制度越来越完善，信息越来越透明，后来事情就起变化了。

大家开始不再那么需要什么都懂、什么都做的乡绅。大家需要的是专门管治安的警察，专门处理妇女问题的妇联，专门组织工人的工会。

村子和村子之间越来越像，都依照同样的步骤做事。大家开始习惯讲规矩、讲流程、讲标准、讲制度，而不是什么事都“现场分析”“当场解决”。既然都有规矩可循，那也就不需要由所谓智慧的头脑来做独立判断了。

那么乡绅消失了吗?

可以说是消失了。毕竟没有过去乡绅这样的角色存在了。

也可以说是没有消失。如果把派出所所长叫治安乡绅，妇联主席叫妇女乡绅，工会主席叫工人乡绅的话。

本来，进入了新社会以后，乡绅也很焦虑。

但看现在，大家在村里不也过得好好的，有活干，有饭吃。

类比到互联网产品领域，是这样的：产品经理大概可以分成两种，一种是普适型的产品经理，技能强悍，可以写报告，可以画原型，可以跟进项目，做什么样的产品功能都问题不大；另一种是专业型的产品经理，在某些方面非常专精，可能是业务，可能是用户体验，可能是某个行业，他离开了这个专精的领域，基本就没有能耐了。

通常大家都觉得第一种会更吃香。

但是现实是，第一种正在慢慢消失。

要在五年前，你拿着一些功能建议，带着过去的交互文档，在面试官面前可以相当自信。只要能证明你可以洞察需求、设计功能，并且有良好的协作能力，基本可以像你掌握了 PHP（超文本预处理器）或者 Python 一样，去哪儿不都是写一样的东西。

五年后的今天，我见过的绝大多数产品经理，需要证明的不是判断力、沟通能力和协作能力，而是在产品上到底创造了哪些真实的价值，这些价值最好是可以量化的。

我见过的很好的例子是，通过一些努力，整合资源做了一些功能，让公司人力成本大大减少，甚至砍掉了一个部门。这是普适性的产品经理能做到的吗？不是。你要懂公司的情况，要观察到产品的问题，要理解这个行业的现状，敏锐地发现症结在哪里。要说具体功能上按钮放得合适不合适，页面整洁不整洁，都在其次了。

在产品经理的市场中如今有个诡异的情形：好公司到处招产品经理，却始终空缺；毕业生、想转行的很多人，都在找产品经理的工作，却没有结果。

大家都说，是好的产品经理太少了，而普通的和外行的产品经理又太多了。

这句话再具体点说，其实就是，专业的、专精的产品经理还远远不够，而且就市场发展来看，会越来越不够；而想入行的、具备了一些技能的普适的、入门的、基础的产品经理太多了，创业公司都养不完。

我在过去写的东西里不止一次提过这种想法。我看过的优秀产品经理，无不是行业专家或者业务负责人。就我自己的状态，也是在奋力从后者向前者转变的过程中。

那么话说回来，产品经理将消亡的意思是什么呢？就是普适型的产品经理肯定会消失，或者至少会大幅减少，人才市场里会一片狼藉。大家不再需要这么多什么都懂一些，但什么都不专精的产品经理了。

另外一种产品经理，在许多公司的头衔可能都会变了。比如需求分析师、用户体验师、设计师。水平高一些的，则要深入参加业务，比如成为项目经理、项目总监、业务经理，等等。

大概就是如此吧。大家的焦虑是对的，也不是杞人忧天。

不要只顾着个人盲目努力，还要看准历史的进程啊。